视 点 文 丛

前思后量

施亮 著

中国青年出版社

（京）新登字 083 号

图书在版编目（CIP）数据

前思后量/施亮著. —北京：中国青年出版社，2011.11
ISBN 978-7-5153-0327-7

I. ①前… II. ①施… III. ①随笔－作品集－中国－当代 IV. ①I267.1

中国版本图书馆 CIP 数据核字（2011）第 218852 号

责任编辑：万同林

*

中国青年出版社 出版 发行

社址：北京东四 12 条 21 号 邮政编码：100708
网址：www.cyp.com.cn
编辑部电话：(010)57350404 门市部电话：(010)57350370
三河市华润印刷有限公司印刷 新华书店经销

*

700×1000 1/16 14.5 印张 2 插页 210 千字
2012 年 1 月北京第 1 版 2012 年 1 月河北第 1 次印刷
印数：1—6000 册 定价：28.00 元
本图书如有印装质量问题,请凭购书发票与质检部联系调换
联系电话：(010)57350337

目

录

第一辑　文史谈屑 ……………………………… 1

古代的城与市 ……………………………………… 2

古代的流氓 ………………………………………… 5

古代的体育运动 …………………………………… 8

西晋王朝的奢侈腐败 ……………………………… 11

晋代文人中的美男与丑男 ………………………… 13

闻鸡起舞两壮士 …………………………………… 15

陶渊明的情操风范 ………………………………… 18

一代雄笔陈子昂的悲剧 …………………………… 21

忽必烈与马可·波罗 ……………………………… 24

北宋的"城市革命" ……………………………… 27

王安石的熙宁变法 ………………………………… 30

蒋兴哥的启示 ……………………………………… 33

晚明的士风 ………………………………………… 35

傲兀的女人 ………………………………………… 38

桃花扇底叹兴亡 …………………………………… 41

梨洲先生 …………………………………………… 44

布衣史家谈迁 ……………………………………… 47

薛宝钗这个人 ……………………………………… 49

载沣的晚年 …………………………………… 52

晚清北京城中的一场械斗 ………………… 55

第二辑　艺文杂俎 ……………………………… 59

魏晋南北朝的志怪小说 …………………… 60

南北朝的骈文 ………………………………… 63

《世说新语》的清绝风韵 …………………… 66

明代的小品文 ………………………………… 69

飘逸倪云林 …………………………………… 72

元代画家黄公望 ……………………………… 74

孤傲狷狂一布衣 ……………………………… 77

石涛的画 ……………………………………… 80

八大山人 ……………………………………… 83

扬州八怪 ……………………………………… 85

清代怪诞名士郑板桥 ………………………… 88

李渔与"芥子园"书店 ……………………… 91

中国报业第一人 ……………………………… 94

藏书家李盛铎 ………………………………… 99

再谈李盛铎 …………………………………… 102

民国报人邵飘萍 ……………………………… 105

开辟草莱的出版家 …………………………… 108

现代藏书家傅增湘 …………………………… 111

林语堂和《论语》半月刊 …………………… 115

唯美主义诗人邵洵美 ………………………… 118

第三辑　知味知音 ……………………………… 121

古典小说中的酒 ……………………………… 122

"王家菜"逸闻 ……………………………… 125

油条与豆腐脑 ………………………………… 127

北京的饭馆 …………………………………… 130

北京的传统糕点 ·· 132

北京的仿膳小吃 ·· 135

二荤铺与烂肉面 ·· 138

北京烤鸭在美国的一场风波 ···················· 140

罗斯福与鸡尾酒 ·· 143

咖啡趣谈 ·· 146

野蔬食趣 ·· 149

吃零食 ·· 152

饮茶的异化 ·· 154

吆喝的艺术 ·· 157

闲话琉璃厂 ·· 159

北京的旧书肆 ·· 161

余叔岩与余胜荪 ·· 164

梅兰芳与昆曲 ·· 167

影视与心理小说 ·· 170

小说·诗歌·音乐 ·· 172

在巴黎的大街小巷里 ·································· 174

第四辑 文坛忆往 ···································· 177

钱先生的一块表 ·· 178

我见到的汪曾祺 ·· 181

随顾学颉先生学古文 ·································· 184

诗词名家陈迩冬 ·· 186

哲人的逝影 ·· 190

一棵雪松 ·· 193

今之君子韩少华 ·· 195

美国所"三剑客" ·· 198

想起一套丛书 ·· 201

关于黄皮书 ·· 203

《围城》的旧版本 ······································ 206

书生情缘 ……………………………………… 209

《战争风云》中译本的最早版本 ………………… 212

从黄皮书到畅销书 ……………………………… 215

《莎士比亚全集》的几位译者 …………………… 219

后　记 …………………………………………… 224

第一辑　文史谈屑

古代的城与市

　　"城市"一词是近代才使用的。中国古代典籍则较少地将城与市连用在一起。杜甫虽然在《征夫》一诗中云："路衢唯见哭，城市不闻歌。"这里的城市，未必是现代城市的含义。可以说有城而少市，毋宁称城邑或城堡。那时的城，深刻打上中国封建社会的政治型烙印。如西周的城分为三个等级，一是周天子宫殿及政权机构所在的王城，二是分封诸侯居所及管理机构所在的都邑，三是贵族士大夫居住的食邑，城中建筑物及城墙高度按等级都有森严规格，不可僭越。城中的底层居民大多是统治者们的奴仆或官营手工业者。那些工匠的生活劳作无异于奴隶，甚至后代也没有选择职业的自由，必须世代继承父辈的专业。他们制造出的产品绝大多数不能以商品形式出现，只是无偿交纳的贡品。他们有时还要为贵族殉葬，被残忍地杀害。直至春秋时代，城中开始出现一些市场气息。在靠近城门的地方设有民间交易场所，对交易商品的经营范围，统治者也有极细密的规定，《礼记·王制》中记载，不仅"圭璧金璋"等被认为妨害王侯贵族威严的许多贵重物品不得交易，甚至"衣服饮食"也全都"不鬻于市"。但是，随着时代的大变动，统治者越来越无法阻止城与市的合一，在各个城邑中市的功能增强了，城市迅速扩大，城市平民阶层也出现了。例如，当时齐国的都城临淄的人口已经有 30 万了。

如今荧屏上出现许多反映汉、唐朝故事的电视连续剧,可其中大多对古代城市场面的描写完全脱离历史事实,作者的艺术想象力未脱当今城市生活色彩。比如,当时的贵族官吏根本不可能与平民百姓混杂一处。城中一条大道,除皇帝及随从队伍,任何人不准行走。城内的居住区则分为闾右与闾左。闾右靠近宫城,是达官贵人们的住宅,屋宇巍峨,朱门庭深,歌舞喧天;闾左则在城门附近,居住的是普通平民,茅屋连片,肮脏潮湿,臭气熏鼻。城内市场管理非常严格,筑有高墙,四门有执鞭的胥吏监视,每日定期开放,击鼓为号。市场内的摊位布局,允许上市的品种,甚至商品的物价等都由胥吏说了算,而商贾的社会地位很低,几乎与犯人同伍,受尽了歧视。在唐朝还有规定,四品以上官吏不许进市场。《朝鲜金载》中记叙,京城四品官员张衡在退朝回府的路上,肚中饥饿,就在市场买了一个刚出笼的蒸饼,骑在马上举饼大嚼,未想到却被一位御史发现后参奏,当政的武则天即下令,再不许他以后晋升三品了。可以说,那时的封建统治者特别重视抑商政策,牢牢把握市场不放,对市场进行严格的控制。他们担心市的发展,会冲击到城的统治。

我仔细欣赏过北宋画家张择端的长卷绘画《清明上河图》的复制品。整幅画卷犹如一首乐曲,由轻柔的乐段始,几经跌宕,层层起伏,至热烈的高潮终止。画卷开端是恬静的郊野风光,村落依稀,林木丛丛,乡人赶驮运的骡马到城里赶集。画卷中段,以横跨汴河两岸的拱桥为落笔集中处,展开描绘汴梁城的繁盛景象,艄公逆水行船,纤夫在岸上艰难前行,还有推车、挑担、赶脚的人们,车水马龙,川流不息。这些人穿街入城,画卷也进入高潮阶段。官府宅第,酒楼茶肆,店铺民居,鳞次栉比;仕工农商,男女老幼,摩肩接踵;真是工笔传神,精致而微。据说,南宋时期的临安城,这幅画的摹作复制品在杂卖铺的售价已经高达一两银子。而张择端的原作亦成为历代帝王权贵巧取豪夺的对象。这幅画卷确实是不可多得的艺术珍品,它真实反映了北宋以来古代城市生活的巨大变革,城与市开始紧密结合,随着古代城市经济的发展,城市应当具备的功能也趋于完善,市民生活日益成为城市生活的主体。

据一些学者研究,自从北宋的"城市革命"后,坊墙毁弃,街市融合,一扫唐朝以前古代城市的森严封闭,古代城市的发展也由此走上多元化的道路。比如,有国都、陪都之类的政治城市,也有居于战略要地的军事城堡;这一类型的城市以统治阶级的政治权威来带动文化和经济的发展,而市场的商品流通,往往被控驭于官僚的垄断体系之下。再有,就是江南新兴的多功能综合城市,以及镇市之类的经济城市,这一类城市较多地依靠民间的商品生产及市场流通,虽然对官府也有依赖性,但并不起决定性作用。这两种不同类型城市的发展趋向,自宋朝始至明、清时期更为显著。尤其明朝中叶后,江南地区工商业迅速发展,两种类型城市的文化风格也越来越截然不同。一种是"城"的文化,宫廷森严,王府豪宅,京昆梨园,书店画铺,富有政治与文化特色;另一种是"市"的文化,幽坊小巷,酒馆歌楼,花山香阵,南货北味;见著于经济与市井风俗。这大概就是京派与海派文化的古老源头吧。

古代的流氓

　　五十岁以上的人,可能还记得鲁迅的一篇文章《流氓的变迁》。那是"评《水浒传》运动"中,毛主席推荐给全国人民读的。鲁迅在此文中分析,流氓的起源是所谓的侠客,其实骨子里也是充满奴性的。他对不赞成招安的李逵也并无好感,说李逵劫法场时乱砍乱杀,这正是游民的特性。民国初年,近代学者杜亚泉先生认为,游民阶层是过剩的劳动者,无劳动地位或从事不正当劳动,他们与过剩的知识阶层一部分联合起来,就形成了中国特有的游民文化,"这种文化以尚游侠,喜豪放,不受拘束,不治生计,疾恶官吏,仇视富豪为特色"。

　　近代才有"流氓"一词。据《松南梦影录》记载,清末年,"租界无业游民群聚不逞,遇事生风,俗谓之'拆稍',亦谓之'流氓'"。这也是游民阶层变迁至近代的最终命名。一本书中曾有考证,秦汉以前,古籍经典已有"氓"、"氓黎"、"氓隶"的字眼,意谓"流亡之民",也算游民阶层形成的起始吧。先秦时期,这些人又被称为"赖子"、"恶少"。《荀子》中说:"夺攘苟得无耻者,谓之赖子。""无廉耻而嗜乎饮食,可谓恶少也。"秦汉以后,"少年"一词有着特定的含义,与当代完全不同,并不是一个年龄阶段的称谓,却是非良家子弟及莠民的贬称。例如,恶少年,闾巷少年,淫恶少年,轻薄少年等。至隋唐,仍然沿用"少年"外,又称这些游民阶层为"无赖贼"、"闲人"和"妙客"。历仕四朝的唐宰相李勣,原是瓦岗农民军中一员,他坦承自己年少时是"无赖贼","逢人便杀"。"闲人"也是那时对流氓的专称,一直沿用至今。而"妙客"则专指在妓院内打杂、保镖和拉皮条等做下贱生计的人。

著名学者王学泰先生所著的《游民文化与中国社会》一书中有个观点,认为中国游民文化的形成大约在宋朝,那时才有大量的游民产生。我很赞成他的看法,因为在北宋的"城市革命"后,许多城市由封建化的军事城堡向商业城镇转化,大量破产农民流入城市,他们无正当劳动地位及生活来源,若想在城市中存活,也就只能不务正业。宋代称这些人为"捣子",意谓"捣鬼之子"。他们对社会有很大破坏性,必然是历代官府打击的对象,他们也被迫不得不与统治者作对。可是,他们内心深处所崇尚的"义气",仍然未脱旧的伦理道德桎梏。《水浒传》的一百零八将里,就有不少这样的例子。像"浪子"燕青是卢俊义的仆人,可他风流潇洒,武艺高强,吹拉弹唱,无所不能,也是个"少年"或"闲人"。梁山泊头领派他去找妓女李师师,以便打通皇帝的门路接受招安,也真是别有深意。所以,李师师虽然撩拨他,只因李师师是皇帝的情人,燕青竟然像坐怀不乱的柳下惠,毫不为之所动。自唐朝始,这些"少年"都喜好在身体"扎青",即文身。而《水浒传》的好汉们也多有此嗜好,如"浪子"燕青、"九纹龙"史进、"花和尚"鲁智深等人,连贫穷的阮小五也在"胸前刺着一个青郁郁的豹子"来。《水浒传》的作者施耐庵生于元明之际,描写的社会生活自然带有那个时代的痕迹,其中一些称谓更有元代色彩。蒙古贵族统治中国后,对农业曾经造成极大的破坏,可是为了满足自己的奢求,却重视半奴隶半官营的手工业发展。当时北方的大都与南方的杭州商业经济很繁荣,都市有了更多人口,市民阶层迅速扩大,产生了说话、歌曲、傀儡戏等各种市民文艺,其演变而产生了元杂剧(元曲)。更多的破产农民流入城市,也使得游民阶层更为庞大,元曲作品称这些人为"泼皮"、"无徒"、"地头鬼"和"绰皮"。例如,《窦娥冤》中的泼皮张驴儿父子,作者就点明是此一类流氓恶霸人物。而且,当时还有一些特殊的游民,他们大多是蒙古人或色目人,倚仗自己为统治种族的游民资格,对汉人和南人敲诈勒索,横行不法。就连忽必烈对此也很头疼,还专门召集了四个蒙古大臣讨论这个问题。

明代初期，由于开国皇帝朱元璋本人就是游民出身，深知其破坏性，便通过各种律法限制打击游民阶层。如《皇明条法事类纂》中记载："有等凶恶之徒，三五成群，持仓场收放以为营生，号为搂扒，或称为光棍，或作为小脚等项名色。"这是游民阶层变迁的一大特点，他们努力使自己不再"游"和"流"了，因而转化为了地痞。他们有的欺行霸市，把持码头，强行敲诈；有的开设赌场，设局行骗，聚敛钱财；也有的包揽讼事，勾结官府，行霸一方；也有的为妓院保镖，拉皮条，代贼销赃，行使假银等。自清朝以后，明朝遗老的反清势力也开始利用游民阶层，由此组成"洪帮"。流氓的帮会也注意组织化、秘密化了，"青帮"与"洪帮"两大派系流氓会党直至民国时期仍然有极大影响力。不过，流氓的结社，也是古已有之。如，宋代扬州的"亡命社"，元代的"清乐社"和"扁担社"，明初的"铲头会"，这些都是小的会社组织。从流氓黑社会的组织性来讲，古代远远不如现代。

古代的体育运动

    人类的远古社会并无军民之分，凡青壮年都要奔赴战场。农事闲余，人们围聚一处，时常复习演练战争中各种格杀、角斗动作。日久天长，还汇入某些娱乐性的杂耍动作，这就是民间早期的一种体育运动形式。比如，在春秋战国时期流行的角抵之戏，实际上是一种摔跤活动。以后，随着该运动形式的流变，又称谓角力、角觚、摔胡、相扑等。湖北江陵凤凰山秦墓出土的漆绘于木箅上的秦代角抵图，将其再与东汉画石像上的汉代摔胡图作比较，可以看出该项活动已经有了较大变化。据《日本书记》载，日本的相扑就是中国唐代中晚期流传过去的，从中可见唐代角觚之戏的历史影像。南朝梁任防《述异记》卷上记载："（蚩尤氏）头有角，与轩辕斗，以角觚人，人不能向。今冀州有乐名蚩尤戏。其民两两三三，头戴牛角而相筋。汉造角觚戏，盖其遗制也。"看来这种具有纪念蚩尤性质的"角抵之戏"，也是再现部落战斗场面的原始舞蹈。这种原始舞蹈形成于春秋时代，秦朝沿袭下来。西汉初年曾经禁止过，但其仍在民间流传不绝。汉武帝提倡尚武精神，又恢复了"角抵之戏"，并引入宫廷成为一种娱乐活动，还附以乐器伴奏。至隋唐之际，城市生活日渐繁荣，"角抵之戏"也演变成"百戏"中的一种。由双方简单的争斗与竞技，改变为有着特定故事情节，经演员化装表演，集舞蹈和乐曲为一体的早期戏曲。这种戏曲经过发展,为宋元杂剧的兴起奠定了基础。

在《史记·苏秦列传》中提到"蹴鞠","蹴"是用脚踢之意,"鞠"是指一种球类,它是用八块橄榄形皮子所缝制的圆囊,中间用毛绒塞满,实心无弹性。踢玩之时,人们排成一列,互相用脚传递,仿佛是一种兵阵,嬉戏与训练兼而有之。《汉书》也几次提到这项活动,而且至汉代踢法又有所改进,专门在地上挖一深洞,再把球踢入洞内,谓之"蹋鞠"。据说,西汉大将军霍去病颇善此技。"蹴鞠"之术至唐代,又发展为"蹩鞠",也称击球。球类不限于皮子缝制,也有木头制成,用棒子来击打。击球包括步球和马球两种。唐代人最喜击马球。诗人韩愈曾描写过比赛击马球的场景,我们也从一些文献记载及古墓壁画中可推测得知竞赛的方式,马球场一端竖有两根木柱间嵌有木板的球门,木板下部开一圆孔为球室。参赛的两队骑士人数相等,服色不一,马尾巴绾成结,防止缠绕球杖。骑士左手执缰,右手握一根长约数尺的球杖,上端如偃月形,双方策马疾驰争击一个"状小如拳"的木质彩球,将球击入球门之下的球室为胜。马球是中国传统体育竞技活动,曾盛行于唐代,以后各朝沿之,而至清代则趋于衰亡。到了两宋时期,人们开始踢有弹跳性的气球了。这种气球用猪或牛的尿脬"纳气而胀之"。玩球规则是众人围一圈,用脚踢球互相传递。球在何处落地,那人便是输者。《水浒传》第二回描写宋徽宗近旁的奸臣高俅,原本是浮浪破落户子弟,只由于"最是踢得好脚气球",就被看中收为亲随,以后竟被提升至殿帅府太尉之职。可以说,高俅就是因为善踢球之术才发迹的。

拔河也是一项古老的体育竞技活动。据《墨子·鲁问》和《荆楚岁时记》中所载,这项活动起源于春秋后期楚国和吴国舟战时,名匠公输般为楚国设计的一种名为"钩强"的器具,战胜时可钩住敌船,使其难以逃脱;失利时则能抵住敌舟,让其难以接近。后来,这样的战术操练又从水上转移到陆上,演绎为一种集体角力竞技项目,操作之具也由篾绳取代了战器,篾绳长度竟达"绵亘数里,鸣鼓牵之",可见场面恢弘热烈。唐中宗和唐玄宗尤其喜爱这项活动,因此拔河迅速发展为全民性集体角力竞技项目。此时,长达四五十丈的大麻绳已经取代篾缆,麻绳两头分系数百条小绳,两拨人比赛时都拉住小绳在胸前绾成圈,以便于发力。而且,竞赛规则也与现代的拔河并无二致了。

中国古代体育活动时常是运动性、竞争性、娱乐性及技巧性融汇一体的,而且注重娱乐成分,不太强调它的竞争性和运动程度。比如秋千,原是北方少数民族传进中原的体育活动,用来练习身手矫健轻盈,汉武帝则将此作为了专供取乐的后庭之戏。还有汉代的"都卢寻栋",实际就是"缘竿",即爬竹竿;以及"舞绠"即走绳等技巧性较强的项目,又演化为杂技表演了。其实,这也是中国封建社会长期形成的专制文化所决定的,这些活动流入宫廷及官场,为适应帝王后妃和达官贵人生活消遣需要,自然也就更看重其技巧性与娱乐性了。

西晋王朝的奢侈腐败

西晋王朝开国后,享乐淫靡之风大盛。《晋书》记载,西晋先后平定蜀、吴,带来大统一的兴盛局面。晋武帝骄心滋起,更加怠于政事,耽于游宴,宠幸后党。他的后宫妃姜竟达万人。武帝寝后宫时乘羊车徜徉,羊车停在哪里,他便歇在哪里,宫女们于是竞相门上插竹叶,地上洒盐水,以诱羊车前往。上有所好,下必效焉。王公贵族也群起效仿。《世说新语》一书的"汰侈"篇对他们穷奢极欲的腐化生活多有记述。外戚王恺与贵族石崇,二人争相斗富。王恺用麦糖洗锅,石崇以蜡烛烧饭;王恺涂屋用椒,石崇以赤石脂涂屋;王恺以紫丝布步障四十里,石崇则作锦步障五十里。王恺处处不敌石崇,即入宫向晋武帝求赐了珊瑚树一株,高二尺许,以此向石崇炫耀。石崇却拎起铁如意一柄,将这株珍贵的珊瑚树击为数段。王恺大为恼怒,石崇笑语:"区区薄物,值得什么?"遂命仆人取来家藏的数十株珊瑚树,最高的有三四尺,小的也有二尺,随意手指道:"君欲取偿,任君自择。"王恺赧然无语,甘愿认输。还有,大臣何曾"日食万钱,犹曰无下箸处"。王武子为了吃到肥美的猪肉,竟然用人乳喂猪。他们挥霍民脂民膏,简直到了令人发指的地步。曾受封安阳乡侯、在荆州当过刺史的石崇,受晋武帝宠信,靠巧取豪夺大发横财,遂成名冠洛阳的富豪。每一次宴饮宾客,他常常迫令美人为客人劝酒,客人若不饮,当即斩杀美人。有一回,大将军王敦故意不饮,以观其斩美人为乐,已连斩三人,王敦颜色如常,尚不肯饮。同席的丞相王导责备他,他却说:"自杀伊家人,何预卿事!"从这个血腥的故事可看出,西晋王朝中那些贵族的凶暴残忍与荒淫无耻。

唐代的房玄龄慨叹西晋的"奢侈之费,甚于天灾"。此言一语中的。因为,这些大官僚贵族的财宝不可能凭空而来,全靠剥削和压榨民间财富,百姓则不堪其暴政。典午之变后,司马懿父子窃取了魏国的军政大权,又用一系列手段排除异己,笼络士族,司马懿的孙子晋武帝司马炎方得代魏自立。晋武帝统一三国后,为了进一步拉拢豪族地主,又改屯田制为占田制,分农民少量土地,而皇族宗室、官僚及豪族集团则依官品与身份占有大量土地,在法律上有极大特权。这种特权无限扩张,农民们苦不堪言,他们单田赋一项,比曹魏时期加重了一倍,户调也加了一半。那些皇族、官僚与豪强集团榨取民脂民膏犹嫌不足。

奢侈腐化必然导致政治上的腐败。西晋王朝实行门阀制度与分封制度,保证大贵族官僚们世代把持朝政,家庭出身贫寒的才俊之士则无法施展政治才能,造成"上品无寒门,下品无世族"的局面。那些贵族钟鸣鼎食,朝欢暮娱,岂能仔细思虑为国分忧、为民解困之策?西晋由此朝政日非,纲纪废弛,"忠贤路绝,谗邪得志"。如此的政治环境下,文人想求得发展,不得不依附豪门权贵,例如才情出众的著名诗人潘岳,为讨得专擅朝政的贾谧的欢心,时常与石崇守候于路旁,远远望见贾谧的车马驶来,便毕恭毕敬地望尘而拜。当时的许多文人因为良知泯灭,忠奸不辨,只知道专心专意谄事屈节于权贵,更无丝毫批判精神可言。他们被卷进了官僚贵族们的政治斗争旋涡,不少有才华的文人如张华、陆机、陆云等人,毫无价值地死于非命,真是可怜可惜又可叹!

西晋只传三世,计52年。其中太平的日子很短暂。自永康元年贾后、贾谧诛愍怀太子以后,赵王伦趁机作乱,从此揭开了"八王之乱"的序幕,西晋王朝从此烽火连天,内讧不断,一派奢华局面转眼而成灰飞烟灭,满目苍凉。以后,内战又引来外乱,五胡十六国的外族入侵北方。晋室东渡,苟且江南,而北中国则成为少数民族贵族军阀厮杀的战场,形成了历史上空前的民族大灾难。

晋代文人中的美男与丑男

在西晋时期，最俊美的文人当数潘岳，而最丑陋的文人要算左思了。而这两个人，都是才华洋溢的诗人，可名列在文学史上。据说，潘岳乘车出游，在道上吸引无数爱慕的目光，许多妇女追逐在后，往车上掷送水果；而左思由于相貌丑陋，却遭到路人的白眼，被妇人们厌恶地乱唾，只好狼狈而逃。

潘岳，字安仁。他颇具阴柔之女性美，温文尔雅，聪慧秀美，举止潇洒。魏晋以来的社会风尚即崇尚这样女子化的男子美，如魏明帝所宠的重臣何晏即是面似傅粉，许多士人都惺惺作女儿态。潘岳又出身于文学世家，自小有神童之称。他虽然才华出众，却在仕途上屡受挫折，只是担任过几县的县令而已。以后，他因侍奉母疾，曾经在家闲居一阵，写下了传世名作《闲居赋》，此文志情高远，气韵清雅，被士人们传诵一时。但是，文未必如其人，真正生活中的潘岳却从未绝意宠荣之事，反而是热衷于官场奔趋，不惜出卖人格，屈节诌事于权贵。他先是投靠于专擅朝政的太傅杨骏门下，几乎亡命于一场宫廷政变。接着，又卖身于后戚权贵贾谧，为其出谋划策，讲书拟表，甚至参与了陷害太子的密谋。他为讨贾谧欢心，竟守候路旁，望其车马的尘土而拜。潘岳的这种卑劣品格，连母亲也看不起他，后世金代诗人元好问亦作诗批评了如此文人无行的丑态。

而另一位才华洋溢的诗人左思，也同样是仕途蹭蹬，备受冷落，他却为自己安排了一条完全不同的生活道路。左思，字太冲，出身于寒门，相貌丑陋。他的妹妹文才出众，被晋武帝召进后宫。不过，其妹有才无色，并不在后宫受宠。左思虽然名列外戚，却在仕途上无甚起色。西晋立国后，朝廷内因可否动干戈伐吴而引起分歧争端，左思写作了《三都赋》，即《蜀都赋》、《吴都赋》和《魏都赋》，鲜明地表达了自己的政治观点，反映出歌颂大统一历史趋势的思想倾向。此文一出，朝野名流纷纷为此文写序作注，士子们纷纷传抄，居然使得纸价上涨，历史由此留下"洛阳纸贵"的典故。然而，西晋王朝的奢侈腐化，断送了三国统一后的大好政治局面，尤其实行门阀与分封制度，使官僚贵族集团世代把持朝政，寒素之士无伸展政治才能的机会，必定会使忠直之士路绝，谗佞奸臣当道，国事日非，纲纪大坏，由大统一演变成大混乱的政治局面。左思一生中官至秘书郎，壮志难酬，他便隐居不仕，博览典籍，专意写作。他冷眼旁观越来越混乱的政局，内心充满了激愤的批判精神。他退居宜春里后的作品，如《白发赋》、《杂诗》、《招隐诗》、《咏史》等，文学修养深厚，思想锋芒锐利，尤见其功力。他冷嘲热讽那些过着奢华生活的官僚贵族，抒发了他对门阀制度的厌恶与愤恨，倾诉了对"贵华贱枯"畸形社会的郁闷不平之情。他的诗歌又毫无矫揉造作之风，语句中流荡出慷慨悲凉之气。在沉醉流靡的西晋文坛中，左思的文风独树一帜，被人誉为"左思风力"，在文学史上有着重要突出的地位。

这两位文人的命运不同，当然与他们各自的个人品质有关。但是，对此产生重要影响的则是当时的社会环境。西晋是中国历史上较为短命的王朝，在兴盛时就充满了尔虞我诈的权力斗争，以后更是政变不断，最终酿成了"八王之乱"。这也使得文人们若想生存发展，不得不依附权贵显宦。在贾谧专擅朝政时期，就有不少文人出入其门，如陆机、陆云、石崇、潘岳等人，亦有志向高远的贤者左思、刘琨等人。中国古代士大夫不可能摆脱强大的儒家思想影响，也不可能最终放弃积淀已久的权力至上的意识，这也就决定了他们的人生取向。潘岳沉入政治旋涡中，不知自拔，最后招致灭门之祸。左思则由仕而隐，对历史进行反思与批判，成就了自己的文学事业。二者也是一个鲜明对照。

闻鸡起舞两壮士

《晋书》记载,祖逖少年时与刘琨是好友,两人意气相投,时常秉烛作长夜之谈,以"扶危定乱"之志共勉,相约效命疆场。他俩"共被同寝,中夜闻荒鸡鸣,(逖)蹴琨觉曰:此非恶声,因起舞"。月光下,两个青年人披衣出房,精神抖擞地拔剑起舞。这就是流传后世的闻鸡起舞的故事。

他俩都是士族子弟,从小生活在物质条件优裕的环境里,难免染上世家公子的浮华之风。特别是刘琨,嗜好声色,奢侈放纵。名冠洛阳的富豪石崇在金谷涧筑别墅,招名士显贵宴饮,刘琨曾当席赋诗,众人叹服。后戚贾谧专擅朝政,他也混迹于"二十四友"之中。西晋末年,烽火连天,内乱与外患继起,刘琨在动荡的时代中逐渐成熟起来。他在致好友的《答卢谌书》中懊悔自己年轻时的孟浪,只知放诞游乐,朝欢暮娱,而今在国破家亡之时,"负杖行吟,则百忧俱至;快然独坐,则哀愤两集"。

当时,五胡十六国的外族入侵北方,世家贵族纷纷仓皇南渡,刘琨却慨然挺身,留在北方抗敌,担任了并州刺史。他在"胡寇塞路"的艰难局势中,沿途招募千人,转战到晋阳。晋阳城已经一片荒芜,他率众整修颓屋败舍,剪除荒草,收拾残骸,并安定人心。晋阳城多次被胡人围困,一天晚上,刘琨在月色清澄中登城楼长啸,慷慨激越;又命部下奏胡笳,凄清动人。次日拂晓,胡骑悄然而退。刘琨孤军作战,无法从朝廷得到后

15

援，处境日益危殆。他屡次受挫，仍然百折不挠，转辗抗击，终因势单力薄，最后被胡人所俘。刘琨在狱中写下诗作《重赠卢谌》，充满英雄失路之悲叹。他在诗中用了不少典故，申述自己扶助晋室的政治抱负，又对国事日非的衰败局面极表痛心，壮志未酬，万绪悲凉，无可奈何地写下"何意百炼钢，化为绕指柔"的痛苦诗句。

刘琨的挚友祖逖在京师沦陷时，带领亲友数百家南渡避乱。他以身作则，将自乘的车马装载老弱病人，自己却徒步跋涉，得到同行人钦服。到了淮泗地方，祖逖不忘振兴晋室，招募不少豪杰猛士在身旁。以后，朝廷又委任祖逖为奋威将军豫州刺史，仅接济他一些粮食布匹，未给兵器铠甲，却让他自己招募士兵。祖逖毫不气馁，振作精神，白手起家，想方设法自己动手冶铸兵器，武装两千士兵，随即慷慨渡江北伐，《晋书·祖逖传》记载，他率领队伍渡江，"中流击楫而誓曰：祖逖不能清中原而复济者，有如大江！辞色壮烈，众皆慨叹"。

祖逖渡江北上后，先站稳脚跟，平定了一些土豪割据武装的对抗，还收编了一部分地方武装，收复了一些失地，多次击败了胡人石勒军队的进攻。他注意笼络河南的一些有声望的地方豪强如李矩、魏浚、郭默等，这些人凭寨据守，独霸一方，并蓄有私人武力。祖逖利用他们未泯灭的民族意识，与他们达成密约，胡寇若有动静，就立刻前来报信。他们有微小功绩，也立即给予奖赏。后来这些地方豪强武装大都被祖逖收编。祖逖的品格更让人感佩，他清廉自守，俭约度日，不蓄私产，平日率领部下耕种拓荒，拯危济困，救死扶伤，又派人埋葬弃之荒野的尸骨，赈济流亡百姓，奖励劝督农桑。一次，他请四乡年高德劭的耆宿老者赴宴，他们感激涕零说，吾等老矣，能够见到这样的父母官，死将何恨！祖逖大得人心，势力也更强大，黄河以南，尽为晋土。胡人不敢肆意进犯，河南经济得以恢复，晋军兵强马壮。祖逖雄心勃勃，准备择一时机，乘势渡过黄河，扫清河朔。但正当此时，他却被晋元帝猜忌，见其声望日隆，兵力壮大，便派另一大臣戴渊节制他。祖逖诸事受掣肘，而且东晋小朝廷又发生内乱，南渡士族之间及吴姓士族的矛盾越发激烈，祖逖的弟弟祖约也参与其间，事败被杀。祖逖见此情景，料知自己的努力将付之东流，大功难成，由是感愤忧虑发病而死，时年56岁。河南百姓闻噩耗如丧父母，泪如雨下。各地纷纷建祠而纪念他。祖逖身死，后继无人，晋军不仅不能北伐，已经收复的淮、泗、河南等处，又复失去。

　　刘琨与祖逖二人都是贵介公子出身，在动乱战火中成长，怀着拯世济民的雄心，慷慨意气，为国捐躯，成为后世人们心目中爱国志士的典范。但由于东晋小朝廷苟且偷安，内乱不已，却使他们壮志难酬，泪洒衣襟。这也是时代悲剧。

陶渊明的情操风范

晋室东渡,有过短暂的一段政治清明时期。淝水大捷,谢安指挥八万晋军击败百万秦师,立志乘胜开拓中原。但是,外患稍解,内乱继起,一代贤相谢安在皇帝的猜忌与奸臣诽谤中抑郁去世。随之,沉浸酒色的晋孝武帝被妃子谋杀。继位的晋安帝是白痴,连寒暑饥渴也不分,穿衣吃饭全靠人料理。中枢政柄落入其叔父司马道子一家人手里,他们弄权纳贿,卖官鬻爵,穷奢极欲,朝政愈加腐败。地方割据势力接连称雄作乱,农民暴动不绝,多数门阀士族也对东晋小朝廷失去了信心。

陶渊明在这混乱的世道中走上仕途。晋代实行门阀分封制度,寒素之士抑郁不得志,陶氏家族虽跻身于士族,但陶渊明年幼丧父,门祚衰落,他直到29岁才涉足仕途。江州刺史王凝之征聘他为州府祭酒,这是较高级职位,但陶渊明任职不多日,就主动辞职回家了,其原因是在他后来写的组诗里才得知端倪的。王凝之虽是王羲之次子,却是不肖之子,他崇佛佞道,炼丹服药,到了愚昧至极的程度。陶渊明当然不会降心屈志受这位昏聩的上司摆布。在老家乡居六年后,陶渊明又被江州刺史桓玄征辟,为时有两年多。他触目惊心地发现,国家分崩离析,朝政完全瘫痪,地方军阀拼命扩张地盘。他担任了较重要的职位,也多少看出了桓玄的政治野心,这个大军阀控制了约三分之二的国土,日夜厉兵练卒,窥测时机。陶渊明写下"遥遥从羁役,一心处两端"的诗句,表露出他的矛盾心态。后来,他借母亡奔丧之机,总算从政治旋涡中脱身了。在他为亡母守制三年间,时局有了很大变化,桓玄终于与司马道子集团发生冲突,接着桓玄进军建康,夺得东晋政权,又导演出一场禅让闹剧,桓玄自称大楚皇帝。随后,各地军阀刘裕、刘毅、何无忌等联兵讨伐桓玄。陶渊明虽有远大政治抱负,却只是一介书生尔!他以后在刘裕的军府中任参军,又在刘敬宣的军府中任参军,为时都很短暂。最后一回出仕,是担任彭泽县令。他厌倦了漂泊无定的军职,以为任地方官吏可安定一些,孰料县令的职事则让他更苦恼,一道一道征夫催粮的命令急如星火,他不忍心去压迫遭战争蹂躏多年的穷苦百姓,而朝廷命令又不能置之不理,陶渊明处于痛苦复杂的两难境地。这年十一月间,适逢郡督邮来县里巡查,县吏告诉他:"应束带见之。"陶渊明叹息道:"吾不能为五斗米折身,拳拳事乡里小人邪!"他当天便解绶归里,在任仅八十余日。他的名作《归去来兮辞》就是离开彭泽县前所写出的。

回归田园后,陶渊明更穷了。可是,他内心反而恬淡了。他在大自然中找到了归宿,在躬耕自资的生活里重新回归自我。以前,他曾经五次出仕,每一次都以失败而告终。他企图探寻到实现"大济苍生"的理想机遇,可他所侍奉过的上司,却在争权夺利上是一丘之貉。他彻底厌恶仕途官场上的沉浮,决然拂衣归田。每日清晨,他率领家人去垦荒耕地。经过辛勤劳动,一片荆棘丛生的荒地出现"桑麻日已长,我土日已广"的景象。

归隐生活中,陶渊明时常与村农野老晤谈对酌。他性嗜酒,家酿的米酒成熟了,取下头上的葛巾滤酒,滤后再把葛巾戴在头上。再宰一只鸡,割几刀韭菜,请几位邻里欢饮。他若醉了,会毫不客气下逐客令:"我醉欲眠,卿可自去!"好友颜延之知其家贫,赠两万钱,陶渊明全部送往酒家。他好读书,除经史典籍外,还喜欢《周王传》、《竹年纪书》和《山海经图咏》等,每有会意,便欣然忘食,书籍使烦恼杂念荡涤一空,神思周历宇宙物外,更是乐不可支。他还爱弹琴,据说有一怪癖,喜抚无弦琴。他备有素琴一张,琴上无弦,每逢饮酒至酣,置素琴于案面,双目微闭,信手抚弄。他追求的是所谓"弦外之音",也就是企图超越具体物象限制,探求更深层及超表象的审美意境,重在得意而忘形。

　　陶渊明晚年穷困潦倒,有时为饥饿所驱,甚至向邻里乞食。他坦荡地认为这没什么可羞惭的。可是,他在清贫中却两次拒绝刘裕集团的征辟,江州刺史檀道济送来粱肉,陶渊明虽然病馁交加,数日卧床不起,他却挥而去之,坚不接受。陶渊明是中国伟大诗人之一,是古代田园诗人之宗,尤其是他那旷达率真的人格魅力,忘怀得失的精神境界,高洁不群的清操风范,更成为后世士大夫知识分子的楷模。

一代雄笔陈子昂的悲剧

　　唐代诗人陈子昂的《与韦五虚己书》是其在武则天圣历元年（698）即将辞官回乡归隐前写的。韦虚己大概是陈子昂的好友，其生平不详。不过，在陈子昂的诗集中有《还至张掖古城闻东军告捷赠韦五虚己》一诗。从这首诗可看出来，韦虚己与陈子昂交谊匪浅，且曾经同在军幕中策划，精通兵法，晓于军事，也是与陈子昂可推心置腹的知交。我大约在十年前读过此信，仅是匆匆浏览而已，并未精读，那时只是感觉陈子昂好作大言，牢骚满腹，是一个不得志的文人。前年，我有两月患耳疾住院，仔细阅读台湾学者雷家骥先生所作的《武则天传》，较深入了解这一段唐史，才对这封信有了更切实的认识。

　　武则天是中国历史上唯一称帝的女君主，也是富有传奇和历史争议的人物。她早年精明强干，威权独任，打击自魏晋以来就已经形成的门阀世家士族势力，重用寒族人士，选贤拔能，革新政治，将当时的政局治理得井井有条。这恰恰也与陈子昂的仕途命运相连。陈子昂24岁中进士，多次上书论政，曾经写有《大周受命颂》，颇得武则天赏识，被授以左拾遗等官职。可是，陈子昂毕竟仅是书生而已，不知宦海风波险恶，亦难晓君心叵测。他满腔正义，忠于职事，屡屡上书谏言，对当时社会的种种弊政进行深刻揭露，他在《与韦五虚己书》中所言："仆尝窃不自量，谓以

21

为得失在人，欲揭闻见，抗衡当代之士。"也就是说，陈子昂承认他那时以清流自许，雄心勃勃，一心企图揭露各种政坛黑幕真相，和当时的权贵集团进行较量。他有着强烈革新政治的愿望，因此对刑狱过滥、边防松弛、简拔人事，以及佞佛等各个方面，向武则天提出改进意见，却一再碰壁，谏言大都被拒。比如，当时曾经有徐敬业扬州起兵讨伐武后一案，武则天为了消除反侧和震慑人心，假酷吏之手实行恐怖统治，大兴酷刑与株连之风，整肃异己而扩及无辜，引得天下一片萧然噤声，陈子昂即谏言："事有招祸而法有起奸，倘大狱未休，支党日广，天下疑惑，相恐无辜，人情之变，不可不防！"他实际是警告武则天，滥行酷刑与冤狱是违反民心的，其结果会造成社会秩序变乱。这些话虽是忠言却很逆耳，而且陈子昂书生气十足，言多切直，也就必定引起一些政治利益集团权势人物的嫉视，武则天自然更厌恶他了。在陈子昂入仕10年后，也便是他34岁正当英年之际，终于被下狱关押近两年。其实，这正是武周政权暴虐乖戾本质的反映，武周权贵难以容下一位有才能、有抱负的士人。

陈子昂经两年牢狱之灾，报国之志仍然未泯，又投笔从戎，随武氏家族的建安王武攸宜北征契丹。在随军争战中，陈子昂坦诚地多次进言献策，武攸宜起始尚有尊重儒士之意，仅是谢而不纳。陈子昂一介书生，不识眼色，却继续进言，竟遭武攸宜恼怒憎恶，将其降职，徙署军曹，贬去当小兵。这使得陈子昂真正心灰意冷，所以《与韦五虚己书》中有言："不知事有大谬异于此望者，乃令人惭愧悔赧，不自知大笑颠蹶，怪其所以者尔。"这些话可看出陈子昂的心真正凉透了，自嘲他自个儿一相情愿；残酷事实与个人的当初良好愿望完全相悖，真是自作自受。这封很简短的信，反映了陈子昂对统治集团由原来的满怀希望到越来越幻灭的思想过程。他一腔忠义，却怀才不遇，坦诚进谏，又反遭主嫉，因此最后决计归隐故乡，信中最后又道："雄笔！雄笔！弃尔归吾东山，无汩我思，无乱我心，从此遁矣！"诗人最后的归隐是痛苦无奈的，也是饱含了愤懑凄凉的。这封信充满了怆然悲切的心绪，倘若再来比较此前他所写的那首响彻千古的著名诗篇《登幽州台歌》："前不见古人，后不见来者。念天地之悠悠，独怆然而涕下！"我们可看出陈子昂的孤寂，并不单是由于仕途坎坷、命运多舛而生发出的牢骚。他对于"道之将废"的忧虑更重于自己个人的命运。此信写过之后，陈子昂辞官回乡。可叹归隐之志亦未成，也就在那一年，武则天的侄子武三思指使陈子昂家乡梓州射洪的县令段简，将他逮捕下狱害死。

　　陈子昂确实可称是一代雄笔，他也是唐代文学的先驱。当时，初唐文坛充满了浮艳之气，仍旧受六朝骈俪的绮靡文风控制，彩丽竞繁，言之无物，形式主义占了上风，而陈子昂提倡"汉魏风骨"，主张在诗文中直抒胸臆，这就为以后盛唐诗风的开启起到了重要作用。但是，一位大文豪的命运结局如此凄凉，却又有其必然性的社会历史背景。武则天上台，曾经打击士族，重用寒族，可这是其为了巩固专制政权而采取的政治手段。所谓"大周革命"的真正目的是为了建立武家王朝，她要对抗政治势力强大的李氏皇族，遂纵容与听任武氏家族的诸权贵滥用权力，甚至盛开诬告之门，大开杀戒以立威，朝廷里又充满了极微妙复杂的政治争夺与利益冲突，其中皇族矛盾、君臣矛盾、士族与寒族的矛盾更为错综复杂。武则天就是利用各种冲突与矛盾来加强自己的政治地位，其本意未必是真正实行廉政与彻底革新政治，而陈子昂一介书生，一腔耿耿报国之心，满怀忠义之意，岂能认识如此错综复杂及变幻莫测的政治形势？因此，他的悲剧也就不可避免了。不过，一代雄笔的悲剧命运，也恰恰为自己的文学杰作作出了生动形象的注释。

忽必烈与马可·波罗

英国著名诗人塞缪尔·泰勒·柯勒尔律治所写的那首长诗《忽必烈汗》，其中有许多脍炙人口的精妙描写，不过是从意大利人马可·波罗的那部著名游记得来的写作素材。这不足为奇，因为那时大多数欧洲人并不理解中国。他们心目中想象的中国，是充满盛世美景的陌生异域，是缥缈虚幻和神秘的国度，也是被充分理想化的。他们对中国的向往，更在于对这个古老帝国的特殊情调和文化道德的迷恋，钦佩它的技术才能和畏惧其巨大的潜力。后来也曾经有学者质疑马可·波罗那部游记《东方见闻录》的真实性，据说马可·波罗只是掌握了波斯语，并不懂汉语。他描述当时元代社会就难免有疏漏之处，没有提到长城，没有提到中国的许多风俗习惯，也没有提及中国的传统文化。但是，《东方见闻录》仍然被誉为"世界一大奇书"，使得欧洲人对古老中国有了初步认识。

马可·波罗的父亲尼古拉·波罗和叔父马菲奥·波罗都是威尼斯商人，在钦察汗国首都萨莱经商时，随忽必烈的使臣东来，并且受到元世祖忽必烈的接见。回国时，元朝皇帝忽必烈委托他们携带信件给教皇，希望能派100名德高望重的传教士来中国。数年后，17岁的马可·波罗也随着父亲和叔父共同踏上东方旅程，随行的还有教皇委派的两名传教士。可那两名传教士只走了一段路程就畏难不前了,年轻的马可·波罗随着父亲与叔父用四年时间才到上都, 他很快学会了蒙古语, 办事干练,细心认真,深得忽必烈的信任。据他自述,仕元17年,他在大都供职外,还奉忽必烈汗之命巡视各省,去过今日中国的大部分省份,并深入川、藏少数民族区域,以及云南和缅甸北部。以后马可·波罗奉命出使南洋,到过爪哇、苏门答腊等地,还到过印度,乃至东非各国。在《东方见闻录》中,马可·波罗记载了元代中国的重大历史事件,各地的风土人情、丰富物产,还有城市建筑,官吏的施政措施和律法,以及当时社会经济和工艺技术的发展。马可·波罗临终前,多次重申自己见闻的真实性外,他还声明"在中国的所见所闻,记述下来还不到一半"。

忽必烈是成吉思汗的孙子。他继承蒙古大汗位后,曾经引起阿里不哥的反叛,双方发生为期四年的战争,最后阿里不哥大败。这场大战,也被看成元代历史上以忽必烈为首的"汉法派"与阿里不哥的守旧派之间的冲突。忽必烈汗已经跳出了蒙古"黄金家族"的小圈子,在一群汉族知识分子的辅佐下,决意推行"汉法",实行政治改革。马可·波罗在书中记述了这一点,就连宏伟壮观的大都及宫城建筑,与每年夏天在锡林郭勒草原上都避暑狩猎所住的金帐,忽必烈居住到哪里,其中都有微妙的政治含义:"忽必烈需要在中原新君主和蒙古人的领袖这个截然不同角色之间做出某种平衡。"因此,忽必烈汗既不能长期隐居于宫殿,也不能仍然日日居住大金帐中。元末明初文人陶宗仪的笔记《南村辍耕录》里,其中有"朝仪"一节,记载了当时的情景。元朝开国之初,未遑兴建宫阙,前来朝贺的外国使臣与本国官吏工役等都是杂集一处, 乱哄哄的,"无有尊卑贵贱之分"。因而金帐前的卫士们"厌其喧杂,挥杖击逐之,去而复来数次"。这种混乱状况有损皇帝威严,并且会贻笑外国,才有当时的汉族官吏王文忠奏请"立朝仪",忽必烈立即批准了他的建议。以后,忽必烈进一步推行"汉法",恢复了许多前朝的法律法规,还举行了科举考试。元代的中国,虽然蒙古统治者实行种族歧视政策,使得汉族广大人民群众受到深重压迫。但是,元代统治者也打破了前朝封闭保守的治国政策,打开了中国的闭关自守的门户,加速了东西方的融合,加速了中国各民族的融合。

《东方见闻录》激起了欧洲人对东方的向往之情。14世纪、15世纪的一些地理学家,还根据游记一书提供的资料绘制了早期的世界地图。据说,哥伦布早年也很细心地阅读了这部《东方见闻录》,后来探索发现新大陆与他对东方的向往是分不开的。特别是进入16世纪后,许多基督教传教士前往中国,他们的描述更增进了欧洲对古老中国的兴趣。其中利玛窦最具影响力,他向欧洲知识界人士较全面地介绍了中国文化。利玛窦最早把儒家经典四书、五经翻译为西方文字,他的《利玛窦日记》比较完整与深入地阐述了中国的道德和文化思想,使得西方知识界开始从"神秘中国"认识到"文化中国"。由于东西方文化的不断交流,中国的文化被介绍到欧洲,以至于17世纪末到18世纪末在欧洲曾经流行"中国热",他们偏爱来自中国的物品,刻意追求中国的艺术风格,甚至模仿中国的生活习俗,这种渗透欧洲生活各层面的时尚被称为"汉风"。如法国国王路易十四在凡尔赛宫就建筑了"中国宫",而且他在宫廷舞会中还身着中国服装,乘坐一顶八抬大轿进宫,可谓是"汉风"的一位追捧者。

北宋的"城市革命"

　　中国古代的工、商、贾是三者分开，互不相属的。工即手工业，也就是生产环节；商指长途贩运，即流通环节；贾则是坐守待售，可称市场环节。中国封建统治者对市场的控制和管理，历来是非常严厉的。所谓"抑商"政策，主要体现在抑制商业活动的最后阶段，即商品的交易过程。所以，他们牢牢把握住市场不放。在汉、唐以来的城市规划中，把一切交易行为集中到"市"里去进行，由官府委派的胥吏来进行严格管理和限制。但是，到了北宋时期，社会经济在各地普遍发展，手工业生产迅速扩大，长途贩运已经在商业活动中不占主要地位了。而家庭手工业作坊则很繁荣，一家一户为生产单位，户主即作坊主人，兄弟子侄就是帮工，自产自销，街前的堂屋为店铺，后院的住所即作坊，于是，工、商、贾合为一体，也就更需要对城市经济制度进行改革。

　　北宋政府顺应了这一时代趋势，坊墙毁弃，市巷融合，已经允许沿街开设店铺了。这是一场"城市革命"，使城市生活越来越多元化，也促进了商业繁荣。《考古》杂志1963年第11期曾经刊载一幅北宋时期东京城规划示意图，从图中可以发现，随着城坊制度的变革，城市的市场不再是官家特设的管理区域，城内不再划分方形之坊，而是大街小巷纵横，店铺鳞次栉比。《东京梦华录》记载，北宋末年，不少店铺甚至设到了皇宫附近,"自宣德楼一直南去,约阔二百余步,两边乃御廊,旧许市人买卖于其间,自政和间官司禁止"。

当时,冶铁、采矿业及兵器制造等手工业工场都由官营,其中规模最大的官营兵器制造所就有军匠3700人,东西作坊工匠约5000人。而民营手工业相对规模较小,大都是适应居民日常生活的手工业作坊及店铺,经营范围是市民日用品、饮食业及特色工艺品等方面。据古籍记载,民间开设的商业行市约有414行,有川广生药市、象牙玳瑁市、金银珍珠市、丝绵市、估衣市、花朵市、肉市、米市等,亦有金漆桌凳行、南北猪行、青器行、青果行、海鲜行、纸扇行、麻线行、蟹行、鱼行等。在一些繁华街道,设有高档的酒楼,美酒佳肴,山珍海味,歌伎相伴,名士满座;亦有小街陌巷中的饭铺,平民百姓更愿意光顾,喝酒吃肉,丰俭随意,举杯小酌,猜拳喧嚷。我们看到古典小说《水浒传》和《金瓶梅》,都有描写宋代社会生活场景的生动篇章。从书中可看出,当时许多城镇已经具备了近代市镇多样化多功能特点,市民生活是很丰富的。据宋人笔记《东京梦华录》、《梦粱录》、《都城纪胜》等记载,那时城市的商业贸易繁荣,也使文化消费及服务业昌盛起来。宋代杂剧开始兴起,一些读书人科举不得意,便为艺伎填词谱曲,甚至还亲自参加演出。宋杂剧的产生为以后元朝戏剧的发展奠定了基础。而且,城市的服务业也很多样化,有走街串巷叫卖羊肉、干果和杂货的小贩货郎,又有修路、箍桶、掌鞋、刷腰带、修璞头帽子、补角冠的帮工匠人,亦有修整房屋、泥补墙壁、打水砍柴、杀鸡宰鹅的杂作人夫。倘若有人出门游玩,又懒得步行,城市中还有专门行业,"自有假赁鞍马者,其价不过百钱"。甚至还有专门为人家操办婚喜丧事之人,只要花钱雇请后,会很利索地按主人要求及风俗习惯,把事情办得井井有条。据史料记载,宋代的都城东京人口最多时达到140万至170万,而从人口构成看,经营工商业及其他服务行业的人已占总户数的十分之一。

由于宋代城市经济发展水平很高,因此"四夷朝贡,曾无虚岁"。东京成为全国贸易的中心,也成了外国使节、宗教徒和商人非常活跃的城市。当时,中国对外交通干道已从秦汉隋唐时代的丝绸之路,转向东南海道。朝鲜(高丽)、日本、越南、印度尼西亚、马来西亚、泰国、印度、阿拉伯、东非各国商人,纷纷从海路到中国做生意。其商品种类很多,以香料、药物、犀角、象牙及高级手工艺品为主。对外贸易的进一步发展,也更加深了城市经济繁荣。

宋代的"城市革命",是中国城市从封建的农业经济泥沼中挣扎出来的第一步。这时,城市经济结构的多元化使整个社会结构呈现复杂局面,尤其是商品货币经济带来的新因素,也对人们的文化心理开始产生重大影响。

王安石的熙宁变法

王安石的熙宁变法,是宋史乃至中国历史上的重要政治事件。史学界对此事件从来就是评价不一的。自南宋以来直至近代,传统史学家的观点大都认为,熙宁新法祸国殃民,是赵宋王朝南渡和中原沦陷的主要原因之一。至晚清才陆续有一些学者如李绂、蔡上翔等人为王安石变法辩护,而清末民初的著名学者梁启超则是最着力一人。他对王安石变法的翻案影响了许多现代学者。

北宋虽是中国历史上能维持较长时期统一和稳定的王朝,但它又是历代王朝中疆土版图最狭窄,国力也最为衰弱的。钱钟书先生说:"所谓'州县之地不广于前而……官五倍于旧',北宋的'冗官冗费'已经'不可纪极'。"这种积贫积弱的态势越来越严重。而且,帝国的根基又先后受到辽国、金国和西夏诸国的军事威胁和冲击,曾经多次对外战争失败后割地赔款,朝廷更加军疲财竭。各地农民暴动,士兵哗变,此起彼伏。宋神宗继位,国家形势已经很严峻,内忧外患迫在眉睫,他因此忧虑不安,锐意求治。熙宁二年,神宗皇帝排除了朝中大臣们反对,任命王安石为参知政事(副宰相),并给予他权力筹备变法事宜,史称熙宁变法。

王安石变法的宗旨是富国强兵,所颁行的一系列新法都是围绕增加国家财政收入这一中心。首先,他认为开辟财源应有积极的生财之道,解决朝廷积贫的办法不在节流而在开源。因此,他实行"农田水利法",鼓励各地开垦荒地,兴修水利,扩大圩田、淤田,以利农业生产。在他执政数年中,全国兴修水利一万多处,灌溉田地达36万顷。其次,王安石提出以理财为中心的"开阖聚散"之法,认为经济大权应掌握在国家手中,比如"青苗法"、"方田均税法"、"募役法"、"均输、市易法",都是企图运用国家权力抑制官绅豪富的兼并及特权,具有巩固和加强封建专制主义的中央集权的作用。林语堂在其撰写的《苏东坡传》一书中,认为这是一种古代的"国家资本主义"。再有,王安石注重兵制改革及"保甲法"的实施,以实现其强兵的主张。兵役改革要求精选部队,汰减老弱士兵。后来经过精选,全国兵额下降至不满80万人。"保甲法"规定乡村民户以十户组成一保,五十户为一大保,十大保为一都。每户有两丁以上就得抽一人为保丁,农闲置旗鼓弓马,进行军事训练。

王安石的变法出台后,受到社会各方面反对。由于新法限制了大官僚贵族的特权,企图在官僚士大夫阶层内进行财产与权力再调整,自然引起守旧势力强烈不满。当时,北宋的政治腐败已到了不能稍微触及一下的程度了。"庆历新政"时,范仲淹、欧阳修等人仅企图实行一些改良,并未有什么官僚失去既得利益,而谤议大潮就汹涌而来,因此熙宁变法的命运也更是可想而知了。还有重要一点,王安石在熙宁变法中未能解决"冗官"的问题,也就未能触及政治腐败的根本原因。而且,熙宁变法在"国计"和"民生"的两端中,重"国计"而轻"民生",虽然实行新法后国家收入迅速增加,但老百姓的负担也更加沉重。新法派又多使用机巧小人,那些地方官为追求个人升官,不惜苛待人民。曾有史书记载,"青苗法"实行时,规定利息为二分,可贪官污吏层层盘剥,贷款利息竟至原来标准的35倍,贫民百姓几乎难以存活。自称"新法派"的那批新进官僚,为讨得皇帝欢心,钳制言路,朝廷不仅罢免抨击新法的谏官,还在京城设置逻卒兵丁,对市民们也实行"监谤",不准他们议论新法。"新法派"官僚们大都肆意搜刮民财,以彰显政绩,这就彻底改变了实行新法的宗旨。

王安石在历史上是集政治家、文学家、哲学家于一身的大家。他的一生,绝不曲学阿世,因为政治压力而改变自己的观点。他所推行的熙宁变法失败是有着复杂历史原因的。其根本原因就是,北宋末年整个官僚社会已经彻底腐朽,再难以进行任何改良与变革。王安石变法后为统一思想,重用大批新法派官僚,可他又岂能料到,他下台后又被那批自己亲手提拔的"新法派"官员所污蔑呢!熙宁新法最大失败就是它的变质,变法即为敛财,结果是朝廷银两堆积如山,专门新建52座财库存放。黎民百姓则嗷嗷待哺,苦不堪言。以后,有一位叫郑侠的小官冒死送一幅《流民图》给神宗皇帝,反映了新法给下层社会百姓带来的灾难。神宗皇帝经过反复思量,不得不下诏暂停一部分新法。熙宁九年,王安石第二次罢相。他退居江宁,不理朝政,已经意识到变法运动越来越趋衰颓。最后,随着宋神宗去世,熙宁变法也随之以失败而告终。宋哲宗元祐元年,王安石饮恨而亡。

蒋兴哥的启示

《喻世明言》里的一篇小说《蒋兴哥重会珍珠衫》，描写了一位明代新兴商业者的形象。蒋兴哥家居湖北襄阳，父亲是一位专门到广东做买卖的商人。蒋兴哥从小跟着父亲，奔波于粤楚山水之间。他聪明伶俐，从小就学会了做生意。但是，不幸得很，他婚后出门经商期间，爱妻王三巧难耐寂寞，被人勾引失身。蒋兴哥知此事后，经历一番情感痛苦的折磨，给了王三巧一纸休书，可仍然以宽容之心待她。王三巧以后改嫁了进士吴杰，他还送了十六箱财物给她做陪嫁。以后，蒋兴哥又到广东做生意，却被人冤枉，吃了人命官司押进牢狱。审理此案的县官又恰巧是吴杰，王三巧闲看讼状时得知此事，她不忘昔日恩情，苦求后夫，只假托蒋兴哥是其近亲。吴杰果然认真审理此案，为蒋兴哥洗刷了冤情。吴杰最后得知了蒋兴哥、王三巧二人的真实关系始末，又感动地送王三巧与蒋兴哥重新团聚。

这篇小说有较高的艺术水平，尤其刻画人物心态变化及感情纠葛时，更是细腻生动。蒋兴哥无意中得知爱妻王三巧有外遇时，冲动又愤怒，撕书信，折玉簪，以至于下决心休妻；而后仍对王三巧有眷恋之意，封其细软箱笼，又转为赠送陪嫁之物，更写出了这位青年商人的忠厚性情。这个故事不仅描写了一对夫妻悲欢离合的命运，也反映了封建伦理的贞操观念在当时社会已经淡薄。蒋兴哥对王三巧的失节行为处置得合情合理,体现了宽容大度的情怀,也不拘囿于三纲五常的封建礼教束缚,这是一种新兴商业者的道德观念。作者对此是抱赞赏态度的,也反映了当时人们对传统伦理观念的叛逆心理。

明朝是一个风雨如晦又鸡鸣不已的时代。在思想史上又是一个临近早期启蒙思潮涌动的转型期,具有新旧杂陈、方生未死的特点。那时,工商业迅速繁荣,建立了许多商业性的城镇,雇佣劳动、较大的手工业工场以及城市的对外贸易也已经大规模发展了。商品经济的发展也必然导致人们传统伦理道德观念发生变化。古典小说"三言二拍"中许多作品就是反映青年男女追求真挚爱情的,当然其中也有一些描写肉欲与性关系的篇章,从中可以看出,当时人们厌倦了程朱的"存天理、去人欲"的假道学思想,希望人性中固有的情欲能够摆脱封建伦理的桎梏,流露出追求平等与个性解放的思想。

我曾经在《寻根》杂志发表过一篇文章,认为王阳明心学其实是当时的"新儒学",它容纳了禅学与老庄之学,企图使儒学适应时代要求,以心为本,更多地与感性血肉相联系。但是,这种神秘主义的心灵体验,由于贴近人心,就容易被时代异化。例如以后的泰州学派,还有李贽的思想,就是挣脱了专制主义的缰绳,反倒使"人欲"战胜了"天理"。"三言"与"二拍"也均有这样的倾向。比如,冯梦龙就认为,通俗文学的小说要比《孝经》、《论语》之类的儒家经典更感人,这种思想在当时社会是大胆而又有进步意义的。

晚明的士风

明初的社会,最重纲常礼制,社会等级异常森严。一部《明律》,甚至连消费品的等级分配都有严格规定,不得逾制。其中有"服舍违式"条例,对于违规僭用衣饰、屋舍、用器等都有严格处罚的办法。德庆侯廖永忠只因衣服饰有龙形花纹,竟被处死。可是,到了晚明时期,江南及沿海几个大城市,工商业繁盛,民情世态发生变化,人们的观念也开始冲破专制束缚,统治者也管不住了,就连宫殿里专司洒扫的小太监也有穿蟒衣的。过去法律规定教坊司乐工只准戴绿头巾,如今他们也穿戴起与朝臣同样的袍服, 大模大样出入舞台歌榭;过去法律禁止民妇用贵重首饰,对衣着也有规定,如今优伶、娼妓也是穿戴绫罗绸缎,金珠翠玉。晚明时期由于商品经济发展,金钱显示了特殊威力,越礼逾制已成司空见惯的潮流,传统的伦理道德大厦被这股潮流冲击得摇摇欲倒。奢华的风气一开,官员们尽情享受,各种条例也成了一纸废文。如首辅张居正,华服丽裳,十步之外,香风扑鼻,带动不少官员也染上涂抹香料的风气。另有工部侍郎徐渔浦, 每与重要宾客会晤,必先打听对方喜好穿何种服装,然后选择与对方相配的衣饰,以期赏心悦目。

服饰上去朴从艳,文艺上则是异调新声。明朝产生了大量的市井文学作品,比如《金瓶梅》,以及短篇小说集"三言"、"二拍"等。曾经被士大夫们所不齿的俚曲小调、评话戏剧，由于家喻户晓，传唱不绝，也无形中提高了地位，一些名士也亲自来填词助兴。而且，戏曲小说中关于人世间趋钱附利的描写，亦是比比皆是。这样的世态也促成了明末士人们的放纵之风。以前视道德廉耻为生命的士人们，有的拥妓歌舞，沉浸其间，终日不休，言语轻佻放荡，甚至聚齐名妓舞女，来品评高下，选出女状元、女探花，喧闹一时；也有的则甘为优伶，如傅粉墨，连唐寅这样的名士也以梨园勾当为荣，公然出入舞台歌榭，且乐此不疲；也有的酗酒疯狂，大摇大摆携妓女于闹市中，骑驴跨马，扬扬得意。在江南城镇里，还有不少士人男扮女装，以为荣耀。《见闻杂记》记载了时人的一首诗："昨日到城市，归来泪满襟。遍身女衣者，尽是读书人。"当时，诲淫导欲之风浸染一时，士人们也以放荡不羁的姿态行世，固然有狭促变态心理作怪，但更多的是对名教的一种叛逆。江南才子祝允明故意在雪中装扮乞丐，唱莲花落，问人讨得钱来，然后举杯痛饮，并且宣称，李白如何能得知此中快乐？这正是以惊世骇俗之举，以表现其蔑视礼法真意，不光要让斯文扫地，更是要让名教伦理扫地。

在学术观点上，晚明的士人们更是追新好异。如明末哲学思潮中发展出的泰州学派，从者甚众。创始人王艮，头戴"五常冠"，身着深衣古服，行为怪诞，其思想继承王阳明哲学余绪，被后人名为"左派王学"，他宣称"百姓日用即是道"，"嬉游笑舞就是功夫"，"满街都是圣人"。他们有着强烈追求个性与发展自主经济的要求，活跃于贩夫走卒中，源自农工商贾间，造成"非名教所能羁络"的形势。而泰州学派的后来发扬者李贽，更具有个性解放意识。他大胆批判儒家经典，按照时代标准评价古今人物和历史是非，主张人人平等，也主张抒发自然感情和及时行乐主义。以后，他的思想在明末文人中曾流布一时，无论怎样禁绝也不能磨灭其影响。例如当时著名的文学"公安派"创始人袁宗道、袁宏道、袁中道兄弟，他们的思想情趣就明显受到李贽思想的影响。还有著名文学家汤显祖，也公开推崇李贽的为人和学问。

到了明末的天启与崇祯年间，明王朝出现危机，处于风雨飘摇间。大多数士人对形势感到恐惧。有的迅速转向保守，遏制反传统的言行，努力弥合传统文化的裂痕，结社讲学，读经论道，企图重振伦理道德之风,以此来扭转形势;也有的更加纵情声色,过一天算一天,公然娱情烟花,秦淮河笙歌不断,士大夫拥姬携妓招摇过市,这种纵欲的人生观,亦充满了变态的社会心理。以后,顾炎武、王夫之、黄宗羲等著名学者皆以为当时的士风颓靡,人心日坏,纲纪凌夷是招致明亡的原因。这是只知其一,不知其二。其实,正是传统的政治已经凝固,而新的思想生命力不能正常孕育发展,使得士人们无力把握稍纵即逝的社会变革机会,才是明末清初大崩溃、大灾难的真正缘由。

傲兀的女人

　　我最初对柳如是其人感兴趣,源自读了黄裳先生的散文《关于柳如是》。此文如飞云流水,潇洒从容,瑰丽多姿,学识广博,绝无故意卖弄之嫌。可以说,黄裳先生只寥寥数笔,便勾勒出了柳如是的真正形象,写出了这个晚明时期女人的傲兀与个性,也写出了她的复杂性格,她的痛苦内心。尤其是把她从"明姝艳妓"的世俗认知格套中解放出来,将其放入晚明历史风云激荡里评价定位,的确是很有历史眼光,才算得上为这位历史人物的真正"辩诬"。

　　柳如是应该算明末清初这个历史大变动时期的风云人物之一。在当时的"秦淮八艳"中,她的声名最盛。不仅由于她天生丽质,诗画风流,而且是她在诸名姝之中最具叛逆性格,敢于蔑视封建礼法,又有着一种强烈的政治倾向。她与东林党人物结交,如复社之盟主张溥,几社的陈子龙,都是与她关系较亲密的。据说,她曾经女扮男装,儒生衣冠,径自去拜会陈子龙,并递"女弟"之名刺,表示其仰慕之情。陈子龙是清流中人,因不满朝政,辞官回乡。但他关心时政,注目民生,与夏允彝、徐孚运等人以复兴古学为号召,企图改良政治,力挽时艰。不过,他们哪里能挽救得了明末腐败社会的大崩溃局面呢?这些"以名节相砥砺"的志士,在抗清斗争中纷纷慷慨赴死,从容就义。他们的命运悲剧确实是激越苍凉的。柳如是尊敬他们，钦佩他们，自然也是因为欣赏他们的政治主张与义无反顾的牺牲精神。

柳如是后来下嫁钱谦益，在一些明代野史中被引为"佳话"。但这一段姻缘，不知从何处可寻出佳话的因素可言？吴晗先生非常鄙夷钱谦益的为人，曾经写过一篇文章《"社会贤达"钱谦益》，说他"年轻时是浪子，中年是热衷的政客，晚年是投满的汉奸，居乡时是土豪劣绅，在朝是贪官污吏"，完全是投机小人。有不少学者对吴晗先生的看法不以为然，认为过于偏激了。可是，史实却难以洗清钱谦益身上的污点。他在福王政权里谄事马士英、阮大铖等阉党奸臣。清兵入南京后，他又以礼部尚书之职率文班诸臣迎降。他不顾名节，媚颜投敌，甚至帮助清朝诱降在杭州的潞王。一心为新主子立功，谁想到清朝也看不起他，只赏一个礼部侍郎的小官，他还受尽奚落与嘲笑，又灰溜溜地回乡闲居。这个社会大变动的时候，柳如是又取何种态度呢？她是深明大义的，城破时曾苦劝钱谦益殉国。钱谦益踌躇地在水塘里试一试，说是水太冷，又回到岸上。柳如是便以身作则，奋身投塘自尽，后被家人救起。钱谦益北上仕清，柳如是独留南京，表明了其不与敌合作的气节。真是女子不让须眉。为了实现反清复明大计，她又去争取心灰意冷的钱谦益，使他鼓起勇气洗心革面。钱谦益以后几回银铛入狱，她都随行护送，帮他缓解了官司。她只身赴张名振义军中，入海犒师，倾囊资助抗清的武装斗争事业。陈寅恪在《柳如是别传》中称，钱、柳的诗文遗篇中有"三户亡秦之志，九章哀郢之辞"，也正是体现了这种亡国忧愤与复国决心。在她的思想影响下，钱谦益方能转变，知耻知羞，晚年之时也对自己艰危苟且、荣进败名的历史有所忏悔。

我写的长篇小说《黑色念珠》的历史部分中描写了柳如是、钱谦益的形象，陈建功老师读过原稿，曾经建议我以此情节为脉络，构建一个"桃花扇"式的故事。我也心有所动，可思之再三，仍然放弃了这个构想。因为，柳如是与钱谦益的关系跟侯方域与李香君的爱情不同，又有这极其微妙复杂的意蕴。可以说，她在人格心理上有着一种傲兀，不仅睥睨所谓"两朝领袖"的钱谦益，也轻蔑那些猥琐懦弱的士大夫。他们平日里道德礼法说得嘴响，关键之时连个女子也不如。这种傲兀，当然也是一种精神上的尊贵。至于她以后的自杀,被许多旧文人说成为钱氏殉节,就更可笑了。其实,她所殉的甚至不是已经沦亡的故国,而是某种破灭的理想,某种已经出现巨大裂痕的传统文化。此时,她的傲兀又转变为一种无奈、困惑和痛苦。

桃花扇底叹兴亡

我家中留传一套旧版的《桃花扇》剧本，是先父生前珍藏的。此书是文学古籍刊行社于1954年所出第一版，梁启超作注，书中还有他写的序言，介绍作者孔尚任的略历及其他著作，每一场后亦有详尽的注释，考证剧中人物与史实。记得我幼年曾经随父母观看过《桃花扇》，那时是懵懂无知，唯有李香君血溅桃花扇的情节还有依稀记忆。以后我在初中毕业放假期间，阅读一遍这个剧本，真有惊心动魄之感！中年后重读此剧，仍然激荡之情迭起，尤其是剧后的那一曲"哀江南"，那一咏三叹的旋律在心底萦回，让人心绪难平。这是我最喜欢的诗词之一。

《桃花扇》一剧的作者孔尚任，系孔子第六十四代孙。据说，其父也是不愿意与清朝合作的"遗民"。孔尚任在37岁前一直隐居于曲阜的北石门山中，养亲不仕，闭门读书。康熙二十四年，康熙皇帝南巡，过曲阜，谒孔庙。孔尚任为孔子后裔，被荐举到御前讲经，得康熙皇帝赏识，被任命为国子监博士，翌年春去北京，开始了仕宦生涯。任职后，他被派往苏北一带治水灾。三年的仕途生涯，他目睹了官场黑暗，百姓们流离失所，无家可归，嗷嗷待哺，清朝大员们却贪污纳贿，过着荒淫无耻的生活，根本无心赈灾。在江南，他四处奔波，游历了南京、扬州等地，他凭吊了梅花岭史可法的衣冠冢，游过明故宫，拜谒了明孝陵，他还结识了明朝遗老冒辟疆、许潄雪、邓孝威、曾石涛等人,搜集了极为丰富的关于南明王朝兴亡的史料。江山胜迹,故老遗闻,江南的风土人情,由此生发的强烈历史感,都有助于他酝酿《桃花扇》的创作。康熙二十八年,孔尚任回到北京,迁任户部员外郎。此时他已厌倦了官场生活,决心动笔写作他构思已久的《桃花扇》剧本。

在曲阜家乡时,孔尚任曾经听自己族人方训讲过一段逸闻,南明福王政权期间,名妓李香君见国破家亡,痛不欲生,以面血溅扇,有个叫杨龙友的,却将此血在扇面上点染为桃花。从那时起,他已有创作冲动,欲将此情节扩大发展,写成一个剧本。他花十年时间写作,《桃花扇》终于脱稿了。这部戏以复社名士侯方域与秦淮名妓李香君的爱情故事为线索,"借离合之情,写兴亡之感",抒发了他对故国兴亡的慨叹,揭示了南明福王政权覆亡的原因,斥责了骄奢淫逸的统治集团,特别揭露了阉党余孽马士英、阮大铖的祸国殃民,颂扬了爱国志士史可法的耿耿孤忠,讴歌了下层人民李香君、柳敬亭、苏昆生等人的民族意识,唱出了人们对山河残破的无限惋惜之情。《桃花扇》可称是古典戏曲中的经典之作,曲词浓艳哀伤,语言典雅生动,整个剧本的结构非常紧凑,既写了侯方域与李香君的爱情诗,又写了南明王朝的灭亡曲,情节曲折,扣人心弦,一波三折,具有强烈的艺术感染力。《桃花扇》在人物形象塑造上也达到很高成就,比如对奸臣阮大铖的刻画就比较生动。他是个无耻之徒,自称:"人骂我,我不羞。"他与马士英靠拥立福王登基献媚取宠掌权,以后迫害东林党人,为了保持权位调兵打内战,以致清军乘虚而入。他实质是导致南明王朝覆亡的罪魁之一。在剧本开始,他企图挽回自己狼藉的声名而拉拢侯方域,后来又陷害侯方域,实是一个反复无常又阴险毒辣的小人。剧中作者又以赞赏之情塑造了正义凛然的李香君形象,她温柔美丽,多才多艺,虽然是受人轻贱的歌妓,可她的情操与气节却比那些名士、官僚更高洁。在"骂筵"一场里,她怒斥马、阮奸臣:"干儿义子从新用,绝不了魏家种。"她不怕威胁利诱,坚拒权势逼婚,血染诗扇,死守妆楼。在剧本结局中,按传奇戏的套路必是大团圆终场,可写到李香君与侯方域历经挫折在栖霞山相逢,作者却借剧中人物之口问:"你看国在哪里,家在哪里,君在哪里,父在哪里,偏是这点花月情根割他不断吗?"

这一问颇有深意。又加上那一曲"哀江南",故国之哀,兴亡之痛,尽在其中。

　　《桃花扇》公演后,获得很大成功。据称,"长安之演《桃花扇》,岁无虚日"。演出之时,文人雅士,故臣遗老,"掩袂独坐","歙歔而散"。但也在这一年,孔尚任被罢官,传说是与《桃花扇》上演有很大关系。他离京时,作《留别王阮亭先生》一诗:"挥泪酬知己,歌骚问上天。真嫌芳草秽,未信美人妍。"诗里透露了他被免官后的激愤心理。康熙四十一年,孔尚任回家乡,度过了晚景清寒的十六年,终于萧然辞世。

梨洲先生

　　黄宗羲是明清之际的思想家与史学家,他字太冲,号南雷,学者称梨洲先生。其父黄尊素为东林名士,天启年间任御史,因上疏弹劾魏忠贤遭迫害,是"东林后七君子"之一。魏忠贤派厂卫人员前往逮捕东林党人周顺昌、黄尊素等人,曾引起苏州民变。老百姓痛殴缇骑,还将在苏州胥门外的泊船击沉,缇骑仓皇跳水逃命,竟把捕人的凭据驾帖弄丢了。黄尊素闻讯后,意气自若地赴当地官署自投诏狱。未久,即被阉党拷掠杖死于狱中。

　　当时黄宗羲仅17岁。他自幼深受父亲疼爱,父亲曾经教他读书,还允许他购读小说。两年后,崇祯皇帝即位,魏忠贤阉党集团伏诛,黄宗羲入京讼冤,刑部大堂上审讯阉党骨干许显纯、崔应元时,黄宗羲暗袖铁锥,奋身锥击许显纯,刺得许显纯"血流被体";还痛殴崔应元,拔了崔应元的一撮胡子祭奠自己的父亲。许、崔都是锦衣卫头子,是直接参与虐杀黄尊素的凶手。黄宗羲此举是为父报仇的烈性男儿行为,很快就传遍京师。以后,黄宗羲遵父遗命拜东林名士刘宗周为师,因其发愤读书,好学敏思,与其弟黄宗炎、黄宗会三人并称"浙东三黄"。

　　清军入关,南京成立了短命的南明福王政权。这个小朝廷被把持在马士英、阮大铖手里。黄宗羲曾在福王政权任职,他看不惯那些阉党余

44

孽的行径,与其他东林子弟草拟了《南都防乱公揭》,直斥阮大铖。但很快就遭到报复,东林人物刘宗周、黄道周、陈子龙等相继被排挤出朝,黄宗羲也不得不逃回浙东老家匿居。清兵南下,黄宗羲毁家纾难,在浙东招募义军"世忠营",并被鲁王任命为左副都御史,负责组织与联络溃散的明军余部,还奉命前往日本乞师求援抗清。这期间,他被清朝悬赏访缉两次,指名拿捕一次,被从人告发谋反三次,牵连遭祸无数次,他不得不多次更换姓名,真是东迁西徙,屡濒于危,备尝艰辛,几乎是九死一生了。

清朝统一江南,黄宗羲不得已奉母潜返家乡,他恢复了老师刘宗周的书院,聚徒讲学,著书立说,且屡拒清廷的征召。康熙帝曾下诏征鸿学博儒,黄宗羲拒不从命,以死坚辞。随后,清廷设明史馆,礼聘黄宗羲,他仍是坚辞不出,只是答应其子黄百家与弟子万斯同至北京去协助"参订史事"。清统治者只得派人去他家中,专门抄录他所辑藏的明史资料。他最后临终时,不忘遗民身份,嘱家人在其父墓旁挖一穴,仅置一石床,不要棺椁,只为"身遭国难,期于速朽"。

《明夷待访录》是黄宗羲最杰出的代表作,也是清初的早期启蒙进步思想的结晶。他把社会的种种罪恶,归结于封建的君主专制制度。在《原君》篇里指出,上古时代,人民为主,君为客,君是人民的公仆;后世君为主,人民反倒为客,天下就不得安宁。君主以天下人财产为一己之私,法律也成了君主个人的"一家之法"。因此,"天下之大害,君而已矣"。他在国家学说上,对君主专制主义的批判,是超越前人的。黄宗羲还提出他所设想的国家模型。他提出,要设立"学校"作为监督和咨询机构;这个"学校"不是教育机构,倒类似于近代意义的议会性质。因此,应该将行政大权归于宰阁,以限制君主一人专制,而君、相上又有"学校"监督,国政大计亦由"学校"议决,不能由君主一人独裁。梁启超先生后来称赞《明夷待访录》是"近世思想",是他们一群维新志士搞戊戌变法的"兴奋剂","光绪年间,我们一般朋友曾私印送人,作为宣传民主主义的工具"。由此可见,黄宗羲的社会政治思想对近代的改良主义运动是起到积极影响的。

黄宗羲留下的著述很多。在学术思想方面,主要有《明儒学案》,这是一部总结明代近300年来学术思想史的著作。后来,他的弟子万斯大、万斯同以及嗣后的全祖望、章学诚等学者,直接或间接地受到黄宗羲的影响,共同完成了黄宗羲未完成的另一巨著《宋元学案》和明史的纂修工作,他们严核是非,考证史实,不凭传闻,以经学为根底,以史学为经世之具,形成了以史学研究为特色的浙东学派。

布衣史家谈迁

　　我向来嗜读野史笔记。曾经在中华书局买来一套"历代史料笔记丛刊",即自唐代至清代的39种野史笔记。其中,就有谈迁的《北游录》。

　　谈迁是浙江海宁人,原名以训,字观若,仅是明代的一个穷秀才,未考中举人。可他一生从事学问,尤擅史学,勤奋攻读,手不释卷,四处借书抄书,发现有关明朝的各类史书谬误极多,且见识浅薄。于是,从明朝天启元年始,也就是他28岁时,着手收集整理资料,核对事实,立志编写一部可信的明朝编年史,其内容主要根据《明实录》及100家明代史学者的著作,他陆续修订勘误,大改六次,才完成了500万字的书稿,书名为《国榷》。明亡,他悲愤填膺,更名为谈迁,字孺木,将其著作署名为"江左遗民",因"不忍国灭史亦随灭",又在《国榷》中补充了崇祯、弘光两朝的史实。他花了26年心血才写成这部史书。可是,颇有些豪绅官僚觊觎这部书稿,他们企图刻印出版一部书稿,抬高自己的社会名声。可这些人也知道谈迁性情耿介,绝不会被金钱打动,便指使窃贼在一日深夜偷走了这部文稿。谈迁发现文稿丢失后,痛哭一场,大放悲声。他此时已经54岁,是须发皆白的老人了。他却仍然在沉重打击下毫不气馁,振作精神,坚毅地下决心说:"我的手不是还在吗?再从头做起吧!"于是,经过四年艰苦著述,又一回编撰完成了《国榷》的书稿。

谈迁治学态度严谨,并不迷信纸上的史料,尤其注意勘核历史事实。他一直很想赴北京一游,那里名士多,古籍多,资料多,可亲身去访问那些前朝当事人,广泛搜集他们的口述回忆,以便更正这部书稿。清顺治十年,他接受了清代弘文院编修朱之锡的邀请,任其幕友,共同从运河乘船至京城。抵京次日,恰是他60岁生日。这次北游,是他治史学术生涯的一件大事。他访问了京城的一些名士和藏书家,而这些人也对谈迁勤奋治史的精神甚为钦佩,愿意与他交往,并借阅一些秘藏的书籍资料给他。谈迁先写信给一位浙江籍官吏曹溶,与他见面,又由曹溶介绍了霍达和诗人吴伟业。这三人皆为崇祯朝进士,也是仕清的汉族官吏,家中收集的史书资料甚多,也很熟悉先朝的典章制度、掌故逸闻。谈迁与著名诗人吴伟业最为投契。吴伟业所作的《圆圆曲》堪称千古绝唱,被称为诗史,而且撰写过专题史书《绥寇纪略》。他久闻谈迁刻苦著述史书之事,急欲与其结识。两人经过一番曲折的互相拜访及回访,好不容易始得相见。自此,谈迁客居京华两年,与吴伟业密切来往,交情日笃。在《北游录》中,谈迁以日记形式记录了他俩的每一次见面,几乎数日就一见,最长也不超过半月。吴伟业向谈迁倾吐前朝旧事秘闻,并向他借阅家中精心收藏的明朝邸报及秘籍,还将自己撰写而尚未定稿的《绥寇纪略》给谈迁看。谈迁也把《国榷》的书稿奉上,请吴伟业指教。而吴伟业也确实提出了不少珍贵意见。

谈迁在旅京期间,还访问了一些明代公侯的门客、皇亲贵族、降臣、宦官等,把那些人叙述的事实记录下来,又与历史文献一一核对。他还拜谒了明十三陵中的思陵和景陵,游览了西山与香山的寺庙等。但是,他不习惯北方的生活,而且一介布衣,借书访人也常受冷遇。他本想借朱之锡修书之便,趁机浏览一些内阁图书,可使他失望的是,经过战乱劫难,内阁的那些图书也残缺不全了。他在京城待了两年后,下决心南归了。次年,他又应聘做幕友去山西,本想赴平阳拜谒他的故交、抗清志士张慎言的墓地,不幸在途中病故。

谈迁一生贫困,家徒四壁,可留下了丰富的精神遗产。除《国榷》、《枣林杂俎》、《北游录》外,还有大量的诗文史论著作。他死后,黄宗羲为其撰写了墓表,纪念这位清贫而有志节的布衣史学家。

薛宝钗这个人

写《麦田里的守望者》的美国作家塞林格最讨厌电影,一直拒绝将其任何作品的拍摄权出售给电影制片商。此举被人讥为"故弄玄虚"。其实是作家另有隐衷。许多优秀的作品都很难被改编为电影、电视剧,因为影视中的画面未必能表现出原作的深层艺术精神,尤其是那些细密而复杂的内心世界。

我曾经想象,如果将《红楼梦》中的薛宝钗这个人编成一部故事,又该如何将她在影视画面中表现呢?到底是贤良淑德之人,还是大奸大伪之人呢?薛宝钗的复杂性格又当怎样体现在那些耐人寻味的情节里呢?恐怕会使编剧非常为难。中国影视制片商所需要的几个要素:善恶分明,情节曲折,结局圆满等,都无法做到。

林黛玉与薛宝钗是《红楼梦》中的"双美图",用小厮兴儿的话形容,一个是"病西施",吹一口气怕被吹倒了;一个是雪堆的,吹一口暖气怕被吹化了。曹雪芹将这两个少女比较对照而写,并没有放过对二人复杂心理的解剖,特别是写薛宝钗至为深刻。

薛宝钗出身于皇商家庭,"丰年好大雪,珍珠如土金如铁"。无形的家庭影响,使她性格中含有较多的追求功利成分,也是她总要劝宝玉注重仕途经济的根源。所以,她被宝玉讥讽为"入了国贼禄鬼之流"。"省亲

49

应制"一节,写她最会揣摸贵人心理,悄悄警告宝玉贵人不喜用"玉"字,把"绿玉"改为"绿蜡",又称羡元春的地位,与宝玉开玩笑:"谁是你姐姐?那上头穿黄袍的才是你姐姐。"入木三分地刻画出人物心理。她也最会做人,最有人缘,无论夫人小姐还是仆人们都称赞她。林黛玉有几回讽刺她,也只是抿嘴一笑,或是装没听见,或是转身而去,不给造成直接冲突的机会。而她那种"伪"的性情最自然流露,是在"扑彩蝶"那一回,宝钗无意听到两个丫头的私话,怕是生事,于己不利,因之故意高声呼叫,佯作寻访黛玉不着,金蝉脱壳。此情节对宝钗心理变化的铺陈,写得极精妙,点染出她貌似宽容,实是机巧的性格本质。此外,小丫头金钏被王夫人逼迫投井自杀后,薛宝钗的一番劝解言语更进一步显露了她的虚伪与冷酷。为了谄事王夫人,她轻描淡写地掩盖此事,甚至说:"据我看来,他并不赌气投井。多半他下去住着,或是在井跟前憨顽,失了脚掉下去的。"而且还说,即使金钏负气投井,"也不过是个糊涂人,也不为可惜"。接着,又主动拿自己的衣服给死者金钏做妆裹,因此大大讨好了王夫人。

不过,薛宝钗伪而不奸,更不刻毒。她虽然世故极深,亦有淳厚、善良的一面。这也是后来连林黛玉也叹服她的原因。林黛玉行酒令中,无意间引用了《牡丹亭》、《西厢记》中的词句,被薛宝钗捉拿住,悄悄叫进自己屋里审问,又有一番"不可多看杂书"、"女子无才便是德"的规劝。红学家经常拿这些言语作为批判宝钗"女道学家"的论据。但是,气量狭小又多疑的林黛玉却为何"心下暗伏"呢?这是由于宝钗的那些话又的确出于真诚劝诫,甚至还坦露了自己"思想转变"的过程。以后,宝钗又给病中的黛玉送去燕窝,黛玉也跟她做了真心表白。这一番"化敌为友"的功夫,不能仅仅当成薛宝钗的世故,也有她挚情感人的原因。同时,亦衬托了林黛玉的天真烂漫。

书中第五十五、五十六回,也就是王熙凤生病后,大观园暂由李纨、探春、薛宝钗理事的时期。此时,贾府已经有衰颓之势,各种弊端累积渐深,也迫使能干的探春不得不动手改革。曹雪芹写薛宝钗的作为,只是寥寥数笔,活脱地勾画出这人的圆滑。探春作出决定时,她只是看壁上的字画,或是讲一通朱子,或是给几句奉承的话。可是,除弊时她怕得罪人,兴利时则不怕多事,将园子的花草承包给那些婆子,施一些小恩小惠,宝钗却又出来说一大篇话,搞得家人们"欢声鼎沸"。这是因为,薛宝钗非常明白,大观园中也有一个"既得利益阶层",是万万得罪不起的,只可再给她们一些利益,而不可剥夺她们的利益,这是问题的实质。

载沣的晚年

　　先父施咸荣葬在北京福田公墓。后来，公墓工作人员石道文先生找我，说是要编《福田名人传》，我才知道安葬在福田公墓的社会名流很多，有蒲殿俊、王国维、钱玄同、俞平伯、钱三强等，还有一批著名京剧演员。而且，清朝最后一位执政人物、监国摄政王载沣的墓茔也在福田公墓。

　　载沣是光绪皇帝的弟弟，慈禧太后的侄子，年纪很轻就被授为"阅兵大臣"，曾以"头等专使"的身份赴柏林，为庚子年德国驻华公使克林德被杀一事去道歉。以后，又迅速被提拔为"军机大臣上学习行走"，随即被任命为军机大臣。1908年，光绪皇帝与慈禧太后相继病逝，载沣的长子溥仪入嗣宫中继承皇位。同时，授载沣为监国摄政王。记得，读《我的前半生》时，我觉得溥仪刻画最生动的人物就是这位监国摄政王，他那窝囊的神态，结巴的言语，让人忍俊不禁。据各种历史资料来看，这位王爷最初颇打算振作有为，甚至企图杀掉袁世凯，但由于种种复杂原因，终未成功。执政三年，他内有宫中隆裕太后掣肘，外有奕劻等一群王公大臣的纠缠，国事纷乱，已呈鱼烂之势，他再也打不起精神收拾这个烂摊子。辛亥革命爆发，载沣已深知清朝无可挽救。据记载，载沣辞去摄政王位后，便觉一身轻松，回家对其妻子说："从今天起我可以回家抱孩子了！"北洋军阀时期，国家一片混乱，又有清朝遗老作复辟妄想，载沣则对此态度冷淡。

新版《我的前半生》后面有此书合作撰写人李文达先生的"补充注释"，对理解原著有重要的参考价值。在此书"摄政王监国"一节，最后一小段中溥仪有对载沣暗含讥刺的言语，李文达先生持不同看法："溥仪对摄政王载沣的评论，系依个人好恶而发。溥仪在世时，对这位前摄政王毫无好感，因而本书凡提到载沣的地方，均有流露。"其实，很多清朝遗老都与溥仪有同感，认为是载沣的懦弱无能才使清王朝最后垮台的，辛亥年间他同意"退位条例"简直是"送国"。他们不明白这是历史潮流所趋。载沣在张勋复辟后，头脑也更加清醒了，所以在抗日战争中采取了比较正确的态度。溥任先生在《载沣先生简历》中写道："1924年，溥仪被逐出宫，曾到醇王府暂住。次年，由日本使馆到天津日租界居住。九一八日本侵占东北后离津去东北。事前，载沣曾两次劝溥仪不要轻举妄动并未听从。"载沣大概明白，倚外人以自重，也就必将受制于外人，身不由己地沦为汉奸，留污名于青史。李文达先生印证此事："对溥仪后来投靠日本帝国主义，当傀儡皇帝，载沣也是极其不满的。他对子女评论溥仪的所作所为时，说溥仪不过是个后晋的儿皇帝石敬瑭。溥仪在伪满时曾多次请他带家人到东北定居，都遭到他的拒绝。后来为了应付一下，给溥仪过生日去了一趟，住了不久就回来了，而且决不允许身旁的几个子女去东北。"载沣颇具见识，我们应该看到他的身份地位，能做到这一点已经很不容易，他的洁身自好的态度当然受到人们的好评。在《载沣先生简历》里有这样一段："八一五日本投降后，国民党来北京接收，因载沣在沦陷期并未参与伪政权，市政当局曾派人持函致以慰问。"可惜，有关载沣在日伪沦陷期间怎样保持自己清白的言行资料还是太少了。我相信，由于其过去的政治地位与影响，日本人大概也是颇想利用他的。可是，载沣对这个大是大非的问题有冷静的认识，方能够自始至终保持民族尊严，坚持不与敌合作，其中也会是经过一番艰难周旋的。

《载沣先生简历》最后说："1949年北京解放后，载沣受到照顾。因生活问题，将后海房屋售与国立高级工业学校。解放后，载沣受到党和国家的关怀照顾，铭感之下，也对公益事业作出一些表现，如将家存图书、文物捐赠北京大学,响应淮北水灾捐款,带头购买'胜利折实公债'……"载沣因多年老病感受风寒,于1951年2月3日病故,3月葬于北京西郊福田公墓。

晚清北京城中的一场械斗

　　《清季野史》是一部史料颇丰富的书。记载了清代民俗秘事,上至宫闱,下逮闾里,或述名人逸事,或著故老传言,生动翔实,巨细无遗。我读此书中"都门识小录",有描写北京城轰动一时的一场械斗,一方是太监带领一群流氓,另一方则是满族贵胄子弟,而这一事件体现出的历史内涵更具有某种蕴藉性,它极其形象地反映出晚清社会的一幕时代侧影。

　　当时,北京永定门外有一处积潦区,即夏季积聚雨水的洼地,此地名为南汀。因其地开阔平旷,又较少住户,每年五月初五至十五必有一庙市,摊贩云集,茶棚栉比,商铺杂处,其中说书卖艺,算命打卦,市声喧嚷,而且还时有地痞无赖肆虐,他们无理取闹,欺行霸市,调戏妇女,一般良家妇女不敢来这里闲逛。就在集市近旁,还有一大片空场地,被辟为富家子弟竞夸身手的跑马场。那年庙会之期的初九日,有清宫太监沈柳亭在空场地骑马驰骋,耀武扬威,得意非凡,以炫耀自己的骑术,周围还有一群流氓地痞为他喝彩捧场。也在旁观看的一位天津盐商王某,不知深浅,一时兴起,也骑一匹骏马前来追赶,扬鞭纵马,立时就超越了沈太监。这使得沈太监自觉很没面子,他恼羞成怒,一声号令,引来众流氓呼啸拥上,把姓王的盐商揪下马来,按在地上暴打一顿。此时,辅国公府上的满族贵胄子弟溥善,也正在旁边一座茶棚品茗观赛,见王盐商被打,连忙站起呼喊劝解:"王某是我的朋友,请你们放了他吧!"可那一伙流氓痞棍依恃了沈太监的权势,根本未把贵族公子放眼里,他们仍然狂暴殴打王盐商不止。无奈,为救自己的朋友,溥善只好带了亲随仆人前去与那群流氓厮打,众流氓舍下王盐商又围殴溥善公子,庙市乱成一团,人声鼎沸。后来,负责京城治安的官府出面,南营参将袁德亮也是两面都不敢得罪,作揖打躬,尽力说合才解散。但两伙人悻悻不服,他们约定明日上午仍聚此地,再战一回合。次日上午,沈太监率领了众流氓举斧执棍,杀气腾腾,齐集于跑马场。溥善也绝不示弱,号召一群王公贵族子弟携带刀枪利器,编成队伍,汹汹然列阵南汀。午时整,两伙人已经布好阵势,怒目相视,剑拔弩张,一场血腥的大规模械斗即将开场,四面引来无数观众,相隔一段距离看热闹。这个时候,南营参将袁德亮又领着游击队管带振某等赶到了。他们怕两伙人开打,闹出大乱子,但也不敢开罪有权势的任何械斗一方,结果丑态百出,"匍匐于两造之间,肉袒牵马请和",还向各方谄媚乞求,连声说,"此皆我等之罪,俟十五日闭市后,肆筵上寿"。就是说,为了请罪,他自己掏钱请双方吃饭。在官府苦苦哀求下,才使械斗双方各自罢兵。

晚清时期发生在京城的这场械斗事件,可称是一桩社会丑闻。太监率流氓与贵族公子哥寻衅斗殴,竟然以治安官员向双方低声下气赔罪才告结束,由此可见当时官府的腐败无能,形同虚设。而且,宫廷中太监与黑社会流氓相勾结,敢公开与皇亲国戚出身的公子哥对垒,亦可见他们的权势之大和气焰之盛。其实,宫中不少太监原来就是市井无赖,他们自净身入宫后,大都与流氓黑社会仍然保持密切联系,同时仗恃宫廷权势招摇撞骗。流氓与太监相互利用,从明代设立特务机构东厂、西厂以来,就已经得到统治者的认可。那时的"缉事番子",即刺探人隐私的特务们,几乎都是市井无赖,依权仗势,敲诈勒索,无恶不作,市人为之侧目,甚至一些敢于谏言的清流士大夫也不愿招惹他们。自晚清以来,太监与黑社会狼狈为奸,勾结更紧密了,气焰也更加嚣张,而官府也对他们甚为忌惮。本来自清朝立国始,满族王公胄子弟就是社会的一个特权阶层,他们好勇斗狠,为非作歹,肆意横行于市面街头。但是,这些纨绔子弟在晚清政治生活的地位也日渐衰落,太监和流氓也敢与他们为敌了。由于长期被声色犬马的生活所腐蚀，他们作为一股政治力量越来越走下坡路了。宣统年间，清廷声称要立宪，建立所谓的"责任内阁"。一群亲贵子弟跃跃欲试，企图在政坛一显身手，虽然统治者也颇想扶助他们，但是仍然斗不过那些官僚老宦的既得利益集团，未几回合，那些纨绔子弟理所当然就败下阵来。

第二辑　艺文杂俎

魏晋南北朝的志怪小说

　　鲁迅所作《故事新编》中的短篇小说《铸剑》，其情节是根据东晋《搜神记》里的故事《干将莫邪》改编的。我少年时代读到《铸剑》，深为它的怪异沉雄之美而震撼，以后读之再三，颇感觉其艺术魅力并不逊古希腊神话。尤其小说高潮所描写，在镬的沸汤里，三颗头颅互相咬噬，最后俱被煮烂。大臣们分辨不出，只好分其汤肉埋葬，称"三王墓"。这个古代传奇所蕴藉的哲理是深厚的，不仅反映出人们向残暴统治者的复仇精神，且将玄妙幻想、浓烈诗意、奇异描绘、生动形象如此有机交融在一起，让人叹服不止。从此，我对魏晋南北朝的一批志怪小说颇感兴趣。据我所知，《搜神记》中另一篇故事《韩凭夫妇》也是被古今之人所传诵，具有极强感染力的。唐代诗人李白也在诗歌中称赞此故事。它写宋康王见韩凭妻子何氏很美便强掠过来，又令韩凭至青陵台服苦役，逼他自杀。何氏用草药腐蚀了自己的衣裳，康王与她同登青陵台之际，她趁机纵身跃下，仆人急拽她的衣裳，但衣布已腐朽被扯坏，何氏坠楼而死。她在衣带上留下遗言，死后与韩凭合葬。康王不允，竟说："你们夫妻恩爱不绝，若能叫坟墓合拢，我就不阻挡。"不料，两墓各生大树，根交于下而枝叶合于上，还有一对鸳鸯栖在树上，交颈悲鸣，音声感人。

　　《搜神记》有二十卷，作者为干宝。据《晋书·干宝传》记载，干宝父亲曾有宠婢,父亡,母亲曾将婢女活生生推入墓中。以后母亡开墓合葬,竟发现婢女伏棺上面色如生,载其还家,苏醒后叙及墓中与其父在墓中恩爱生活。此婢以后又嫁人生子。又记载,干宝哥哥病死又复活,说死后曾见天地间鬼神事,不知自己死过一回,如同一梦。这两项记载都很荒唐,却将其作为干宝撰写此书的动机起因。其实,那时东晋小朝廷偏安江左,时局动荡扰攘,南北战乱频仍,人生无常不定,人们便去追寻虚幻的精神慰藉。鬼神迷信之说,影响日大。《搜神记》便在此时代背景下写出,其中大都是怪诞神异传奇,可是故事中却有着许多现实内容,反映人们对黑暗社会的不满。

魏晋南北朝之际,佛道两教在民间各阶层广泛传布,社会风气侈谈鬼神灵异,这也是产生许多神鬼故事和志怪传奇的原因。比如,刘义庆的《幽明录》,齐王琰的《冥祥记》,即是宣扬佛教思想的志异小说;而王嘉的《拾遗记》,则是传播道教精神的志怪小说。《幽明录》和《冥祥记》后来被收入鲁迅的《古小说钩沉》,《幽明录》用浓厚的神异色彩描写了一些青年男女的爱情故事,情节脍炙人口,在民间广为流传,其中的某些故事还被改为戏剧。比如《卖胡粉女》写一位痴情男子爱上一位卖胡粉的姑娘,日日借买粉去看望自己的心上人。但是,痴情男子与姑娘约会,却因欢踊过分而死,姑娘临尸恸哭,男子竟又豁然复生。另一篇《庞阿》,石氏女挚爱庞阿,强烈的爱情居然使她的灵魂飞出肉体身躯,奔向自己所爱人的身边。以后,唐人传奇《离魂记》可看出与这篇故事颇有相似之处。元杂剧作家马致远创作的剧本《刘晨阮肇误入桃花源》,就是选取了《幽明录》里的故事《刘晨阮肇》所编写,这个入山采药、遇仙成亲的传奇,也成为古今文学家喜欢援引的典故了。还值得注意的是,《幽明录》中也有一些不惧鬼怪的故事,如《阮德如》中的主人公镇定地斥责鬼怪,鬼怪便羞惭地逃掉了。它体现出志怪小说闪烁的人间色彩及其荒诞的故事内容中包含的丰富人性之美。

志怪小说还有晋代张华的《博物志》。鲁迅在《中国小说史略》中对其评价不高,认为"皆剌取故书,殊乏新异,不能副其名,或由后人缀辑复成,非其原本欤?"但据王嘉的《拾遗记》称,张华采集历史上的种种神怪志异故事,搜罗民间街头巷尾传说,写上《博物志》400卷,奏上晋武帝。晋武帝命其精减截裁,汰去浮疑故事,才成为后来的10卷。此外,另有署名魏文帝的《列异传》,署名陶潜的《搜神后记》,刘宋刘敬叔的《异苑》,东阳无疑的《齐谐记》等。这些志怪小说对后世唐代传奇的发展有很大影响,如《补江总白猿传》、《柳毅传》等,也为以后出现的戏曲与小说提供了丰富的艺术素材。

南北朝的骈文

　　骈俪是一种修辞手法，又称排偶对仗，讲究语法结构上的两两平行对称。中国古汉语基本上是单文独义，一字一音，这样的语言特征就便于组织对偶句法。骈文可追溯至汉赋，如东汉班固的《连珠》就很受排偶的影响。这篇文章本是假喻以说理议论的文字，但它追求辞藻之美，文中多用对偶句法，很像是简短的骈文了。

　　在汉赋对偶句法的影响下，散文骈偶化渐成风气。汉魏时期的建安文学中，曹植作品里骈偶华丽的文章也很多。还有孔融的《荐祢衡表》，吴质的《答东阿王书》，应璩的《与侍郎曹长思书》等，都有较浓厚的骈俪气息，文体注重句式整饬，用典精切，对偶相形，音律和谐。至于西晋以来的文章，也日益追求排偶辞藻，即使表章书启，应用之文，无不讲究骈俪，务骋词华。虽然，一味堆砌华丽词句，没有内容意义的作品很多，可也确实有成熟的佳作。陆机写的不少辞赋与散文，以其纯熟的技巧，繁缛的辞藻，深厚的学力，颇能体现出雍容华贵之美。陆机可称是六朝骈文的奠基者，他的文章讲究形式完美，不仅修辞精致，用典繁密，而且骈偶形式已经突破四言，向四六句式发展，比如《演连珠》五十首之一："……图形于影，未尽纤丽之容；察火于灰，不睹洪赫之烈，是以问道存乎其人，观物必造其质。"而他最有代表性的作品《豪士赋序》，文体对仗工整,精于用典,后人骆鸿凯在《文选学》中认为此作"竟下开四六之体"。

至南北朝时期,骈体之作日渐兴盛。尤其是齐梁,骈文到了繁盛的高峰。此时几乎一切文体都是骈偶化的,说理记事,写景抒情,甚至诏书章表,应酬书信,也尽用骈偶文体。而散文除了在历史及学术著作领域,尚存一小块地盘外,骈偶之风变本加厉,几乎有文必骈,形成畸形繁荣的局面。刘勰在《文心雕龙》中称,当时的风气是"俪采百字之偶,争价一字之奇",是颇切中流弊的。但是影响所及,就连《文心雕龙》的文体也是骈偶化的,可见骈文之风几乎浸染了当时的一切文字。这样自然会使文风华而不实,产生大量空洞无物的堆砌文章,可其中也确有艺术造诣很高的美文佳制。如刘宋时期比较有成就的骈文作家颜延之和鲍照,其作品已臻于艺术形式与内容相统一的完美境界。颜延之的《三月三日曲水诗序》,文章纯是四六体例,且多是骈偶句法,清人谭献在《骈体文钞》中称赞它是"俪体之上乘也"。颜延之以才学博识著称于世,立身于朝,有许多文章都是"错采镂金","铺锦列绣",但他与谢灵运、鲍照并称为"元嘉三大家",写出了不少艺术成就很高的诗文。鲍照的乐府诗颇具一种遒丽劲健的风格,很有独创性,极受唐代大诗人杜甫推崇,谓之"俊逸鲍参军"。他的骈文文采斐然,如《登大雷岸与妹书》是一封骈体书信,摹写山川烟云,抒发羁旅愁怀,用了大量的骈偶句,却文笔洒脱,如一幅山水画。他的《芜城赋》也是极受后世赞赏的骈体抒情小赋,词采富丽,骨力奇峭,亦可谓骈文中的上乘之作。

梁代后期与陈代,是骈文的成熟期。其代表作家为徐陵和庾信,古人后来称骈文为"徐庾体"。而"徐庾体"骈文的一个重要特点就是精于用典。其实,刘宋时期的诗文已用典繁密了,比如颜延之的诗作"矜言数典,以富博为长",而这种典重渊深之格被"徐庾体"继承,例如庾信的《哀江南赋序》中几乎句句用典,意蕴深曲。再一个特点是多用四六句式,用词整饬,精于裁对。晋人陆机的《演连珠》已经开始用四六句式,到了庾信的骈文中四六句式更多,对偶也更工整,其作品《拟连珠》、《思旧铭》以及徐陵的《与王僧辩书》即是典范之作。自此开始,四六句式成为骈文通则。再有,"徐庾体"在炼词琢句上颇有功力,其文词采华绮。清朝一学者读徐陵的《玉台新咏》时赞不绝口:"骈花丽叶,有才如此,那得不令人羡极生妒!"庾信的文章也被后世赞誉为"锦绣文章"。此外,当时声韵学的发展,四声八病的提出,不仅用在五言诗上,而且对骈文的音律艺术,也有启发。"徐庾体"的骈俪之作尤其精于调声,注重句式的平仄相间,错落谐美。

南北朝的骈文曾经被后世学者称为"戴着镣铐的舞蹈",它受到诸多格套限制,难免有形式主义之嫌。不过,它毕竟也是经过长期艺术积累与实践,逐渐发展而成的一种成熟、精湛的特有文体,它的艺术观念对唐代诗文有很大影响,从陆机到徐陵、庾信,骈俪的文风还灌溉后人,就连"唐初四杰"的文章,仍然还笼罩在六朝骈俪的艺术风格当中。

《世说新语》的清绝风韵

　　魏晋以来,政局不宁,许多士大夫为了逃避现实而好尚玄谈,举止言行故作疏放。他们起先是不敢谈政治,后来不屑谈政治,高谈玄理禅义,颂扬隐逸,崇尚脱俗,品评人物的风气尤盛,就有人掇拾社会名流的嘉言逸事,汇集编写成了笔记小说。当时,有晋代裴启撰写的《语林》,郭澄之的《郭子》及南北朝梁代人沈约所撰的《小说》等。而刘义庆的《世说新语》则是此类笔记小说的代表作,它对后世文学有着深远影响,以至于唐宋明清的几代文人相继仿此著书,其中很多逸闻琐事弥补了正史中的史料不足。

　　《世说新语》的编撰人刘义庆为南朝刘宋王朝贵族,他是宋武帝刘裕的侄子,袭封临川王。他贤良简素,喜好文学,身边召集一群文人如袁淑、陆展、何长瑜、鲍照等,引为佐史国臣。《世说新语》一书可能就是这些文人学者协助编写的。梁代的刘孝标后来又为此书作注,注明事件人物,勘正书中之误,引古书四百多种。其中所引诸书多亡逸,也保存了这些古书的残文。纪晓岚曾经将刘孝标的注与裴松之的《三国志注》、郦道元的《水经注》及李善的《文选注》相提并论。

　　《世说新语》现存书为十卷,其篇目自"德行"至"仇隙"共三十六篇,上起东汉,下至东晋,较生动地反映了这一时期士大夫的精神风貌,生活中的言行风度,以及审美情趣。当时,佛教已开始流布,道教的信徒也有很多,士大夫中崇尚清谈,经日谈空论虚,竞骋词锋。比如掌握军国大权的东晋简文帝最为醉心之事,就是与名士许询在风清月朗夜中闲谈,可至通宵达旦。"文学"篇中记载,殷浩与孙盛论难互起,诘问不已,以致废寝忘食,食物端上又撤下四回,"彼我奋掷麈尾,脱落满饭中"。此情节可谓描写生动。不过,清谈尤重玄理,言语应机警多锋。"言语"篇中记载,"顾悦与简文同年而发早白。简文曰:卿何以先白?对曰:蒲柳之姿,望秋而落;松柏之质,凌霜犹茂"。此话说得谦恭又简约,颇显现出东晋士大夫的言谈本领。此篇中还记载:"邓艾口吃,语称艾艾。晋文王戏之曰:卿云艾艾,定是几艾?对曰:凤兮凤兮,故是一凤。"这就是成语"期期艾艾"的由来,描写甚为隽永风趣。

魏晋士大夫特别看重品题,"声名成毁,决于片言"。他们讲究举止潇洒超然,所谓"不以物务婴心",而且喜怒忧惧不形于色,方为名士风度。《世说新语》记载,身为太傅的谢安登冶城,"悠然远想,有高世之志",即是体现了一代贤相的志趣。"雅量"篇还记载,淝水之战正酣时,谢安与别人下围棋,侄子谢玄的捷报传来,他默然不语读完信,又慢悠悠接着下棋。客人忍不住追问:"淮上胜负怎样?"他淡然答一句:"小儿辈大破贼。""德行"篇中,一则"管宁割席"的逸事,更是历代传诵:"管宁、华歆共园中锄菜,见有片金,管宁锄与瓦石不异。华捉而掷去之。又尝同席读书,有乘轩冕过门者。宁读如故,歆废书出看。宁割席分坐曰:'子非吾友也。'"仅用六十字,就写了两件小事,并通过人物细微的动作、语言,揭示了两人对金钱、权势的不同态度,作者的评价亦隐含于简约的描写中。

《世说新语》的"汰侈"篇也通过一些逸事暴露了士族阶层穷奢极欲的生活,关于石崇与王恺斗富的描写,还有石崇设宴招待大将军王敦,迫美人劝酒,客若不饮,即斩美人;而王敦故意不饮,观斩美人取乐,"已斩三人,颜色如常,尚不肯饮",这个血腥的故事实在令人发指。正是这些士族豪门荒淫腐化的生活,导致了西晋王朝的覆灭,不得不仓皇南渡,丢弃了北方大好河山。不过,西晋统治集团奢靡之风大盛,亦与曹魏政权时士风颓丧,道德伦理败坏也有关系。如"贤媛"篇就记载,曹丕当权后,娶其父宠幸的宫妃为妾,甚至连其母也斥骂他:"狗鼠不食汝余,死故应尔。"而"俭啬"篇则更是集中描写了士族阶层贪得无厌、唯利是图的丑态。

《世说新语》是记载逸事隽语的笔记小说,也为后世小品文的兴起树立了典范,在我国文学领域是有着重要地位的。明人胡应麟称赞这部书:"读其语言,晋人面目气韵,恍然生动,而简约玄澹,直致无穷。"书中的大量材料后用于唐代修撰的《晋书》之中,如新亭对泣、谢万败军、石崇奢侈等。而书中更多故事则成为后世小说、戏曲的素材。如关汉卿的《玉镜台》杂剧就取材于此书中"温公丧父"的记载。又如,杨修解"黄绢幼妇"之辞,曹操命士兵"望梅止渴"及曹植七步成诗等故事都被罗贯中写入《三国演义》中。还有不少故事成为成语的来源及诗文中的典故。

明代的小品文

明嘉靖年间,前后七子的文学复古运动风靡天下之时,也有一些作家卓尔不群,特立独行,如唐顺之、归有光、茅坤、王慎中等,他们主张文学应该面对现实,反映社会民生,描绘平凡琐事。归有光的《寒花葬志》,只写一个普通婢女,既无德行可言,又非旌其不朽,仅寥寥数语写出了家庭中主仆关系的融洽。他的小品文不避俚俗,多数是记叙家庭琐事及亲旧聚散之事,比如《项脊轩志》、《先妣事略》等文,以从容恬淡的笔调,寄寓深挚的情感,情致隽永,记事生动,不事雕琢。他被后世誉为明代散文第一大家,受到古文家方苞、姚鼐等人的推崇。而这些被称为唐宋派的作家,他们的作品体现了时代审美意绪的变化,感性取代了理性,标志着散文小品开始走向生活。

万历时期,袁宗道、袁宏道、袁中道三兄弟因为是湖北公安人,故被称为"公安派"。他们的文学理论深受李贽思想的影响,反形式主义,反拟古主义,主张"独抒性灵,不拘格套,非从自己胸臆流出,不肯下笔",应发前人所未发。当时朝廷政治腐败,宦官专权,朝中朋党之争激烈,而不愿意被卷入旋涡的士大夫便遁迹园林,寄情山水,以求得精神上的解脱。这使得山水小品一时繁盛,多描写自然景物与身边事,追求韵味与情趣,如袁宗道的《极乐寺纪游》,夹叙夹议,凝练生动,妙趣横生,颇有散文诗的况味,亦有《满井游记》、《虎丘记》等称绝一时的佳作,或不拘一格,另辟蹊径,构思精妙,独具异彩;或墨色润畅,笔姿飞舞,意象变化,信笔而出,体现出一种任意而为的文章风格。此外,还有以湖广竟陵人钟惺、谭元春为代表的"竟陵派",他们对"公安派"所倡言的反拟古、反传统及"独抒性灵"等文学主张,并无异议。但对性灵的理解却更狭隘,企图以"幽深孤峭"的风格来矫正"公安派"的浮浅,比如钟惺的《浣花溪记》,以峭拔之笔,描写清幽之境,行文叙次井然,宛曲多姿,对于探索小品文的风格与技巧上,还是有贡献的。但是,"竟陵派"过分追求形式的新奇,不免使文章流于冷僻苦涩。晚明的山水小品蔚为大观,虽然流派不同,风格各异,却体现出士大夫们不满桎梏性灵的复古主义,希望创造出一种任情适性文章风格的愿望,这一类作品还有祁彪佳的文集《寓山注》,刘侗的《帝京景物略》,王思任的《游唤》、《历游》等,这些山水小品设喻写景,托物寓意,直抒胸臆,构思精巧,好似一幅幅色彩斑斓的精工山水画。

晚明的戏曲、小说、民间歌谣等市民通俗文学也很繁荣,这对当时文体的革新势必有一定影响。小品文的题材扩大了,不仅写山水,也写人物,也写社会生活的各个侧面,比如茶馆酒肆、歌楼妓院、斗鸡阅武、工艺书画及至地方风俗、文物古迹等,无不写入小品文中,而且作者的思想个性突出,文章的表现力也极其自由活泼,对事物观察精细,描绘场景生动,有的小品文仅数十字,就勾勒出一幅画面,体现出一番情思。

在晚明的小品文中,兼有各派之长的集大成者是张岱。他在明亡后披发入山,安贫著述,是一位富有民族气节的遗民。他一生的著作很多,可惜流传的只有《西湖寻梦》、《陶庵梦忆》等数种。他的文章可谓是真正的小品文,最长不过千余字,短文仅一二百字。若用诗来比喻,有的学者将张岱的小品比作唐人的绝句,有一唱三叹的韵味。如《柳敬亭说书》一文,可称晚明小品散文的翘楚精品。柳敬亭是明末清初的说书人,自幼面麻,人称柳麻子,为人重侠义,明亡后借说书抒发激楚悲愤之情。当时的著名文人如吴伟业、黄宗羲、周容等,都曾经写过关于他的文章。唯有张岱的描写最为传神,此文具有明显的通俗化和口语化的特点,写人物从两方面落墨,一是说书人柳敬亭,再是柳敬亭的说书,两者交叉描绘,使人物形象与说书情形融为有机的艺术整体,文情并茂,摇曳多姿,令人回味不已。而《湖心亭看雪》一文,有人物也有对话,将叙事、写景及抒情融于一体,似一首散文化的抒情诗,全篇不足二百字,笔墨精练令人称绝!张岱有许多脍炙人口的小品文,其文既有"公安派"的清新,又有"竟陵派"的峭拔,还兼王思任的诙谐,以意趣深远之笔,写国破家亡之痛,在小品散文写作上,取得极高的艺术成就。

明代的小品文对当代作家的散文创作也有着阐幽发微的作用。例如20世纪30年代林语堂等"论语派"作家们,也提倡"独抒性灵,不拘格套"的文学主张,甚为推崇"公安派"袁氏三兄弟;而著名作家汪曾祺先生的散文,继承晚明小品的艺术特色,形成了含蓄、空灵、淡远的风格,深为读者喜爱。

飘逸倪云林

　　元代末期对后世有重大影响的"元四家"，即黄公望、吴镇、倪瓒和王蒙，都是江浙一带的文人雅士，擅长水墨山水，又兼工竹石，且生活在元末明初社会动荡之中，虽然各人的境况不尽相似，但都不是很得意，因此其画其论，尝自谓"逸笔草草，不求形似"，"聊写胸中逸气"。他们的绘画作品对明清文人画有着深远的艺术影响。

　　倪瓒，字元镇，号幼霞，又自称懒瓒，别号极多，常用的有云林子、荆蛮民、朱阳馆主、萧闲仙卿等。他是江苏无锡人，出身当地富豪家庭，雄于资财，家中筑有精巧的园林轩阁，还收藏大量的图书文玩及古器物。他自幼饱览经史，工诗文，善画山水、墨竹，擅长书法，谙熟音律，平日多结纳文人雅士，读书作画，蓄藏古籍，生活舒适安闲。他初信禅宗，后又入"全真教"。元末社会动荡不安，农民起义风起云涌，他卖去田庐，散疏家资，浪迹五湖三泖间，寄居村舍寺观，因有"倪迂"之称，过着漂泊流浪的生活达20年。倪云林所绘山水多取材太湖一带风光景色，疏林缓坡，远山伏卧，浅水平岑，看似笔墨简单萧疏，实则意境清幽深远。

　　倪云林在《述怀》一诗中阐明志向："闭户读书史，出门求友生。放笔作词赋，览时多论评。白眼视俗物，清言屈时英。富贵乌足道，所思乘令名。"他为人清高，洁身自好，一生不仕，诗作及书画中所体现的不向统治者屈服的态度,赢得后世知识分子的尊敬。他描写隐居生活的画作,常在画面上找不到隐者的形象,景物简淡平实,茅屋数间,杂树几株,湖水苍茫,但是隐者的甘于寂寞的情趣,与世无争的襟怀,以及乐在其中的淡泊志向,尽在画面中。他的画作至明代"江南人家以有无为清浊",更深得晚明画家董其昌推崇:"独云林古淡天真,米痴后一人而已。"他的山水画宗法董源,参以荆浩、关仝笔法,尤其擅长以干笔淡墨,创折带皴,似嫩实苍,绘出一派清空明洁的秋景。并且,画家的笔墨松秀简淡,绝少有设色者,甚至连图章也不用,画幅中多长题,作楷书,力求朴素清雅,其书法笔墨清古瘦劲而自然,结字、笔画多含隶意,格调古澹静穆,富于神韵,殊有魏晋人风致。

上海博物馆收藏有倪云林的《渔庄秋霁图》,此幅画明末曾经藏于陈继儒处,画幅上亦有董其昌、宋旭、孙克弘等人的题跋。这幅画是倪云林55岁的作品,绘王云浦渔庄,作三段式子远构图:近处土坡皴法隽爽,上有秋树数株,枝叶秀整,四面生枝,中间隔大片湖水,画幅上端有远山两叠,墨笔写高树远岫,渴笔画山石树木,山石竹折带皴间披麻皴,全幅画通过湖光山色的变化来表现"秋霁",画面上并未出现"渔庄",18年后画家又题诗其上,诗云:"江城风雨歇,笔研晚生凉。囊褚未埋没,悲歌何慨慷。秋山翠冉冉,湖水玉汪汪。珍重张高士,闲披对面床。"他特意注明"翠冉冉"的远山遥岑,"玉汪汪"的平湖静水,以及秋雨稍歇的疏林坡石,都构成了纤尘不染的"秋霁"画境。

倪云林也擅长画墨竹树石,其作品在元代就被称为"殊无市朝尘埃气"。他追求一种静观的境界,所以时常在诗画中有着超脱、出尘之味,劝友人早日"罢"征路,"息"仕思,归寻自然,而画幅上总是清远小景,疏落萧索,悄无人影,与其说表现的是景色,倒不如说是描绘某种带禅意的心境。像那种带有六朝士大夫泰然超脱神韵的,而且,诗画相映,真正把这样的人生理想、人格修炼化成艺术笔墨,完全做到物我浑然一体的地步,在中国美术史上如此的艺术家也是少有的。曾经有明初文人高启写有《寄倪隐君元镇》一诗:"名落人间四十年,绿蓑细雨自江天;寒池蕉雪诗人画,午榻茶烟病叟禅。四面荒山高阁外,两株疏柳旧庄前。相思不及鸥飞去,空恨风波滞酒船。"

元代画家黄公望

　　2010年的人大与政协两会闭幕后，温家宝总理在中外记者招待会上，答台湾记者问时讲述一事，提到元代画家黄公望的著名画作《富春山居图》，是其晚年79岁才开始动笔的力作，他完成此作不久即去世。几百年来，这幅画作辗转流传，其中一半画放在杭州博物馆，另一半画放在台北"故宫博物院"。他希望什么时候两岸的半幅画可以合成一幅画。温总理发表这番谈话，引起台湾各界人士热议，台北"故宫博物院"亦作出回应，台北"故宫博物院"预计在2012年举办黄公望特展，已经与大陆洽谈，希望能和浙江省合作展出《富春山居图》。

　　元代中晚期对后世有重大影响的画家被称为"元四家"，即黄公望、吴镇、倪瓒、王蒙。他们生活在元末社会动乱之际，虽然各人的社会地位与境遇不同，却都有坎坷失意的经历，笔墨境界流于孤寂与淡泊，反映出某种无可奈何的情绪。他们的山水画在艺术上直接间接地都受到赵孟頫影响，重笔墨，求风格，含诗意，深入领略生活中的自然山水形胜，如王蒙写黄鹤山，倪瓒画太湖，黄公望与吴镇在江泽湖泖间领略胜概，则随笔摹记。他们通过这些山水画作品抒发一定理想，在艺术上标榜"写胸中逸气"，"自娱"，不去趋附当时社会时尚的审美爱好。因此，"元四家"的独特艺术风格对后世明清山水画有着深远的影响。

黄公望,字子久,号一峰道人,又号大痴道人,江苏常熟人。他本姓陆,因儿时父母双亡,过继于永嘉黄翁为嗣子。黄翁年近九十,望子已久,遂以公望命名,子久为字。黄公望恰出生于南宋与元朝交替的动乱时代中,他虽然聪颖好学,青年时博览群书,深通经史,可是由于元代取消了科举考试,使他断绝了飞黄腾达的仕途之路。他在中青年时期做过一些小官,24岁在浙西肃政廉访史徐琰手下任掾吏,四十多岁时又到大都中台察院任书吏等职,以后,他的上司在江南核查钱粮因弹劾用事犯案,黄公望也受牵连入狱。此事对他是一次深重打击,使得他产生了世事多舛、宦海险恶之感。他出狱后,即加入"全真道",自号大痴道人,云游于江南的松江、苏州、杭州等地卖卜传道。黄公望性格豪放,研究过"九流之学",精通音律词曲,50岁左右专于山水画,隐遁山林,寄托自然,超逸空灵。他的山水画直接得到赵孟頫指授,对五代北宋的荆浩、董源等人的画法也加以融化吸收,随笔点染,自成一家。黄公望的重要风格有两种,一是"浅绛法",如73岁所作的《天池石壁图》,用墨色勾、皴画面后,再用褚笔与墨青墨绿在坡石或山峦上稍作烘染,使整个画幅统一在"浅绛"的格调中。这样的技法以后转变为一种形式风格,成为山水画分类的一派;二是水墨山水,皴纹则较少,着重把握山容水貌的意境,笔意简远洒脱,超逸雄伟,具有珠圆玉润的艺术效果。

黄公望晚年移居浙江富春山中,仍然来往于江南各地区,常与社会名流文人雅士聚会,彼此以诗文书画相酬酢。他曾经有一篇《写山水诀》的画论,文中谈及:"画一窠一石,当逸笔撇脱,有士人家风。"又称:"作画只是个理字最要紧。"这些论述山水画的艺术观点是赵孟頫士人画理论的发挥,此篇画论对以后文人画有着深远的启迪和影响。《富春山居图》系黄公望79岁时应挚友郑无用和尚之请而绘,画幅长达两丈,前后断续酝酿数年始完成,82岁的黄公望完成此画不久即去世,这幅画可称他的刻意经营之作。此画描写的是富春江一带的初秋胜景,横卷画面中有村落,有平坡,有亭台,有渔舟,还有回旋起伏的山峦坡石,也有苍润变幻的云林丛树,疏密有致,优美动人,充分体现了黄公望晚年深厚的艺术修养及纯熟的笔墨技巧。这幅名画于明末传入当时的收藏家吴洪裕手中,吴洪裕极其珍爱此画,临死前竟嘱家人将此画焚烧殉葬,幸亏吴洪裕的侄子还是从火中抢救出这幅画来,但画幅已经被烧成一小、一大两段。其中,前段较小,世人称为《剩山图》,此画目前收藏在杭州的浙江省博物馆中;后一段较长,被称为《无用师卷》,此画目前收藏于台北"故宫博物院"中;这两幅画合一展出,确实是两岸文化界盼望已久的喜事。

孤傲狷狂一布衣

生于明代嘉靖、万历年间的文人徐渭，其文学艺术才能是多方面的，无论是诗文，还是书画或戏曲创作，都有高深独到的造诣。但他生前默默无闻，声名不彰。直至他去世四年后，"公安派"散文家袁宏道至绍兴友人处无意读到徐渭的诗集，连声拍案称绝，并搜集其遗著出版。以后，徐渭的书法绘画作品也被人们推崇。他的才名方在晚明文坛享誉一时。

徐渭，字文长，号天池，晚号青藤，浙江绍兴人。他出身低级官吏家庭，幼年聪颖多才，但命运多舛。他出生百日，其父老病而亡，生母原是侍女纳妾，即被嫡母苗夫人赶出家门。以后，对他有抚育之恩的苗夫人也相继去世。他才14岁，生活无着，只好托庇于长兄门下。后因家中贫困，20岁入赘岳父家，不幸结婚仅五年妻子病故，徐渭无法再寄居岳父家，自己又无产业，只得四处漂泊，以教授学童为生，他在科场上也屡屡失利，一连参加八次乡试，均未考取举人。徐渭迫于生计，无奈只得投奔奸相严嵩的党羽七省督帅胡宗宪的幕府中。他对严嵩深恶痛绝，又不得不起草那些向严嵩阿谀奉承的文字，内心是充满煎熬的。理想与现实的对立，让他人格分裂，非常矛盾痛苦。徐渭的才情很高，他知兵好奇计，曾经亲身投入抗倭斗争，帮助胡宗宪设计擒获与诱杀了勾结倭寇的海盗徐海、汪直等人。胡宗宪因此也很欣赏和信任他。他很想为国效劳，能够有一番作为。但他所处的时代却是腐败黑暗，奸臣当道，党争激烈，使得他怀绝世之资而处境困顿，有济世之才无从伸展。由于身受其害，徐渭对社会种种不平现象有切肤之痛，形成了猖狂不羁的个性意识。特别是奸相严嵩垮台后，胡宗宪亦被逮捕，徐渭日夜担心自己牵涉案中，心里充满焦虑与恐惧，终至精神崩溃。他前后自杀达九次之多，还在心灵畸变的状态下，怀疑续娶之妻不贞将她杀死，因此入狱达七年之久。被友人援救出狱后，徐渭晚景凄凉潦倒，却仍然勤于写诗作画，磊落不平之气浸染于笔端。他厌恶达官贵人，甚而"显者至门，或拒不纳"，最后在贫病交加中去世。

徐渭曾自称："吾书法第一，诗第二，文三，画四。"后人对他的书法颇多称誉，并把其书法与他的性格统一起来，认为"其书如其人"。他的书法多取苏轼的浑朴，早年学黄山谷之苍劲，晚年似米芾的纵放，但自成一体。他的诗文艺术风格奇峭，富于个性精神，除了怀人及友人唱和的应酬之作外，也有大量的写景诗，诗作中直抒愤世嫉俗之情，如袁宏道所说："其所见山奔海立、沙起云行、风鸣树偃、幽谷大都、人物鱼鸟，一切可惊可愕之状，一一皆达于诗。"而他的画作更是深受个性解放的新思潮影响，大胆变革，极富创新精神。他所画的虽为花草瓜果，却在"似与不似之间"，笔法恣肆淋漓，泼墨挥洒，有磅礴奇崛的气势，有抒发"英雄失路，托足无门"的悲愤，赋予作品震撼人心的艺术感染力。比如，现藏南京博物馆的徐渭代表作《杂花图卷》，全部画卷纸连十幅，作牡丹、石榴、荷花、梅花、梧桐、芭蕉、水仙等四季花草果木十数种，其艺术特色是以书法的狂草笔法入画，好像一篇完美的草书构图，气势连贯，形简神逸，笔走龙飞，形象与表现完美结合，抑扬变化中体现了音乐般的节奏韵律之美。徐渭别开生面的水墨大写意花鸟画的艺术风格，深刻影响了后世的画家。清代画家郑板桥就刻了一方"青藤门下走狗"的印章，以此表达对徐渭的尊崇。

徐渭还创作了明杂剧《四声猿》和《歌代啸》二种。《四声猿》由一三五出不等的四个独立短剧组成。有《狂鼓史》，写祢衡击鼓骂曹操的故事，表明了正义必将战胜奸佞的信念；《雌木兰》和《女状元》分别写两个杰出女性,都是女扮男装;或驰骋疆场,屡立战功;或扬名科场,考中状元,体现男女平等的意识。而《玉禅师》则取材于民间传说,宣扬佛教轮回思想。此外,还有《歌代啸》,是一个颇有风趣的滑稽剧。以写两个和尚为线索,抨击了乌烟瘴气的社会。李和尚是一个荒淫之徒,撒谎骗人,狡诈多变,反而在社会上能横冲直撞,为所欲为。而张和尚胆小软弱,安分守法,却不免处处受害。作者以嬉笑怒骂为基调,揭露了官府吏治的腐败,社会公理之不存,亦是愤世之作。这些戏剧从形式到内容都从民间而来,用夸张式艺术手法塑造人物形象,因此,徐渭的戏曲作品也很受人推崇。

石涛的画

清初画坛中的四僧,石涛与八大山人都是明朝宗室后裔。石涛的身世尤为曲折, 其父明靖江王朱亨嘉在清军渡江及南京弘光小朝廷垮台的混乱局面中, 于桂林号称监国。可是, 他遭到忠于南明隆武政权的瞿式耜等地方官吏的反对, 被擒送至福州后废为庶人,幽禁而死。石涛此时年龄尚小, 战乱中由王府仆臣背负而出, 逃难到全州湘山寺落发为僧。

石涛本名朱若极,小字阿长。出家后法名原济,字石涛,而别号极多,随着际遇的变迁不断翻新,最常见的有苦瓜和尚、瞎尊者、大涤子、靖江后人、清湘老人等,有数十种别号,以此表白颠沛流离的身世,倾泻苦闷的心曲。他一生云游四方,足迹踏遍大半个中国,早年先后至鄂、皖、苏、浙等地,游历黄山及洞庭湖等名山大川,40岁后居住南京、扬州,50岁前后居京津三载,晚年定居扬州。他登山临水,考察各地的风物人情,深切体悟天地万物山川草木。此外,他身处明末清初天崩地坼的时代,尽览人间离乱沧桑,历经凶险磨难,饱尝家国沦丧的痛苦,丰富的阅历也浸染了他风格多样的画风。

石涛旅居京城时期曾经结交许多名公巨卿。康熙皇帝南巡,他两次接驾,献诗献画。这似乎有悖于他的"遗民"身份,后来也有学者质疑这些举动是否有"失节之嫌"？其实，这与其曲折身世有关。一方面，石涛的父亲死于明朝宗室内讧，使得他年幼时期即难见容于南明政权，还被视为谋叛异己人物子弟；另一方面，清初统治者对明宗室子弟也采取严峻政策，他又被清朝当局认定是"格杀勿论"的目标。一人身后同时有着两张准备吞噬他的巨网，他的心灵深处自然有着异常复杂的悲怆情感。这在他所作的《山水钓客图》中有所体现，湖水渺茫中两只钓船及垂钓对语的渔翁，水淹数株半截柳树，天色沉暝中的远山，仅寥寥数笔就描绘出地老天荒的境界，画上题诗一首："秋水湖天一色，钓船点破沧浪，落月钩在渔手，至今冷笑声长。"这幅画与题诗，笔墨精到地表现出萧瑟利落的诗境。

石涛可称清初艺苑的一大奇才，诗歌、书法与绘画三者兼绝。他诗中有画，画中有诗，不但是一位出类拔萃的画家，也是才华洋溢的诗人。他一生创作的诗歌数以百计，且风格多样，既有奔放豪壮之作，亦有清丽婉约之作，但整个诗风偏重于前者。他锦心绣口，既工近体律诗，又精古体诗歌，最擅长与偏爱的是古体中的歌行，其中传世代表作有《清音阁图》题诗、《生平行》、《古墩种松歌》、《黄海云涛图》题诗、《尝与友人夜饮诗》等，或是短篇，或是巨制，形式虽有差异，却是声情并茂，一气呵成。其中的一些佳作与魏晋唐宋的名篇相比毫不逊色。石涛的书法也甚为精妙，他的篆、隶、真、草、行诸体皆工，尤以隶书功底最为深厚。他善于运用与画面相称的某一书体题诗，在墨色浓淡的配置上也颇具匠心，就使得诗、书与画构成一个和谐奇妙的艺术整体，相生相发，彼此辉映，臻于至境。石涛的绘画艺术极具独创性，一生挥毫不辍，在山水、树石、花卉、虫鱼、人物及神像诸领域均有极高成就，尤其山水与花卉画创作了众多精品。他不拘泥于古法，不宗一家，戛戛独造，笔墨奔放潇洒，构图新颖多样，气韵生动雄浑，着力表现空间事物的时间流动性，形成了他丰富的绘画意境和深沉的艺术底蕴。他的传世作品很多，如《搜尽奇峰打草稿》、《泼墨山水卷》、《山水清音图》以及《苦瓜和尚妙谛册》等。

石涛晚年定居扬州后，仍孜孜不倦进行绘画创作，并通过题画诗跋发表自己的美学见解。他撰写的《苦瓜和尚画语录》共十八章，系统地总结和阐述了自己的创作心得和美学思想。他以"一画论"的命题，把中国画理论提高到哲理的高度,认为"一画之法"是通贯宇宙——人生——艺术的生命力运动的根本法则,主张 "借笔墨以写天地万物而陶咏乎我"及"借古以开今",并深刻阐述了中国画创作活动的基本特点和美学特征,构建了具有独特性的美学体系。

石涛的艺术实践和理论建树对后世中国画的发展起到了巨大的推动作用,不仅开启了清代中后期"扬州八怪"的创新之风,而且对近现代画坛的大家如张大千、齐白石、吴昌硕、傅抱石等人都有深远的影响。尤其是张大千,他临摹石涛的画作几可乱真,甚至被时人誉为 "石涛再世",这正说明石涛的艺术精神所具有的旺盛生命力。

八大山人

　　八大山人是清初写意画派中一个独具风格的大家。他本姓朱,名
耷,字人屋,又字雪个,为明太祖朱元璋第十七子江西宁献王朱权后裔。
八大山人这个号,他在59岁以后即使用,直至逝世。其流传的重要作品
大都是这个时期以后所作,所以,人们习惯地称呼他的号。他的书画题
款,把"八大"与"山人"两两用草书各相连缀,颇似"哭之"、"笑之"的字
样,其中隐含了国破家亡的身世之痛。清代画家郑板桥曾在他的画上题
诗:"国破家亡鬓总皤,一囊诗画作头陀,横涂竖抹千千幅,墨点无多泪
点多。"而八大山人确实是以山水寄恨,因心造境,笔墨苍凉沉郁。

　　崇祯十七年,明朝覆亡,清军入关。次年,清军占领江西。八大山人时
年19岁,隐名埋姓藏匿三年之久。清初时,常有各路反清武装奉明宗室人
物为主,打着"复明"的旗号造反,清廷尤其注意捕杀明朝宗室子弟。八大
山人怀着亡命恐惧,至23岁时剃度为僧,28岁又在进贤灯社正式皈依颖
学弘敏禅师为弟子,僧名法崛,后又名传綮,字刃庵,又号个山。他一生交
游不广,且都不是达官显贵。临川县令胡亦堂慕其才名,聘请至他那里吟
诗作画,他已经五十余岁了,忽发狂疾,将身着的僧衣扯烂烧毁,又回到
南昌。据说,他有一次发狂病时,摸着自己光秃秃的头顶,自言自语:"我
已经做和尚了,怎么不可以叫驴呢?"于是,他以后的书画作品就署名"个

山驴"、"驴屋"、"驴屋驴"等。由于他的原名叫朱耷，据启功先生考证，"耷"字乃驴的俗字，也可能是时人对八大山人"驴"号的俗称。

八大山人的许多画是没有纪年的，也是他有意而为之。如故宫博物院收藏的《古梅图》，画的是一株经风霜摧残兀自挺立的古梅，树根全部裸露，树顶朝两边屈展成"丁"字形。画上有三首题诗，其二云："得本还时末也非，曾无地瘦与天肥，梅花画里思思肖，和尚如何如采薇。壬小春又题。"诗后钤"驴"字印。这首诗里说的思肖，即宋亡后隐居吴下的文人郑所南，郑所南画兰花多露根不画地，有人诧异地问他，他便回答："地被番人夺走了。"八大山人其诗的最后一句，"采薇"的典故则表明他当和尚也是效法伯夷、叔齐不食周粟。署年"壬小春"，只有天干"壬"，而故意不写地支"戌"，与梅花裸根之意相同，也是"有天无地"的亡国之痛的宣泄。所以，他的画不写纪年，实际上也是表露他对新朝的强烈反抗情绪。

画史上，学者们将八大山人的绘画创作分为几个时期。八大山人早年从34岁至45岁左右，因署名传綮，可称"传綮"期；此时的作品有明显师法陈淳、徐渭和沈周的痕迹，细节刻画精妙，布局造型严谨，且多用硬毫来作画，线条劲力，笔法峻峭；他45岁至55岁，因是署名"个山"，则称为"个山"期，其画法已在前期的基础上有所变化，构图与形象趋于简约，始多用软毫作画，且注意笔墨的含蓄意境。55岁至58岁，是他的精神分裂时期，因用"驴"等署名，被称为"驴"期，画风为之一变，构图和造型多夸张变形，笔墨仍保留早年刚劲挺拔的痕迹。他从59岁至80岁，则用"八大山人"署名，是为"八大"期；这一期又分两段，从60岁至68岁，"八"字写成异体字，这一段的画仍然有着"驴"期的简概与奇特，却已向着晚年沉着宽厚的风格转变。到了69岁至临终，又写成正规的"八"字，这是他的晚期，也是艺术成熟期，笔墨淳厚自然，较少狂怪与变形，构图严谨，意境和谐，在绘画艺术上已达"化"境。

八大山人的一些作品颇受徐渭影响，其画法虽有狂怪与变形处，但绝不是瞎涂乱抹，都有很严格的造型功底。他尤其注意画面的意境，笔墨的韵味。他的书法，也颇有晋唐风格。八大山人的绘画艺术对近现代画家如"扬州八怪"及齐白石、张大千、潘天寿等人都有深刻影响，在世界绘画史上也有着崇高地位。

扬州八怪

清代中叶画坛崛起的扬州八怪,虽然不都是扬州人,可他们长期生活在扬州。这些艺术家由于历经生活磨难,抑郁不得志,遂将自己愤世嫉俗的情怀信笔挥洒,直抒胸臆,以画寄情,他们在艺术上不拘成法,以至被正统画坛视为"狂"、"怪"。扬州八怪指哪些画家?其说不一。有人说是8个,也有人说不止于此。据各种著述记载,有15人之多。不过,目前仍然以清末李玉棻在《瓯钵罗室书画考》中所提的"八怪"为准,即汪士慎、郑燮、高翔、金农、李鱓、黄慎、李方膺、罗聘。另外一些画家,因画风接近,也可并入。所以,"八"字亦可做形容词,可看做约数。

扬州八怪中如郑燮、李鱓与李方膺三人属于丢官后到扬州卖画的文人,他们虽然学优登仕,但因性情耿介,关注民间疾苦,因此宦途失意,即使官卑职小也被罢免。比如郑燮,50岁后方被任命为山东范县县令,四年后调任潍县知县,政绩显著,颇有民望,却是灾年请赈忤大吏而罢官。他的好友李鱓,少年得意,年轻时就在热河的皇帝行宫向康熙献画,并且受到褒扬。但是,因不甘谄媚权贵而放弃自己的艺术追求,最后乞归乡里。李鱓曾经两入宫廷,还是不愿意以宫廷画格来束缚自己,毅然离开宫廷画苑,重返民间。李鱓也曾经在山东做过两任县令,却与官场流俗大相径庭,也是开罪上司被罢官。李鱓的族侄李方膺的宏愿是

"奋志为官",同时也"尽力作画"。可两者不可兼得,固然他是一位勤政的官吏,且屡有政绩,却为上僚所不容,甚至被投入牢狱。他也仅当了几任县令,结局也是被诬革职。这三人,郑燮擅画竹,李鱓喜画松,李方膺则以画梅著称,画面酣畅淋漓,清新动人,不假奇巧,妙合自然,表现出一种具有个性特色的画风。而且他们皆在诗、书、画的互相生发中,抒发性灵,表现品格,寄托其"用世之志"。

再有如金农、高翔和汪士慎属于一生布衣的文人画家。他们出身贫寒之家,或鄙视腐败官场,洁身不仕;或因功名不就,绝意仕途;所以,不得不鬻文、卖画、售字来维持生计。其中以金农最为修养广博,工诗文,精鉴赏,善篆刻,长漆书,好古力学,善于识别古字画真伪,50岁后从事绘画,侨居扬州,卖画自给。他的画作以梅、竹、佛像最著名,且擅画马及花鸟山水,苍劲疏拙,构境别致,耐人寻味。他的别号很多,每因画的内容不同而落款各异,有《冬心题画》、《动心画记》行世。汪士慎是金农好友,二人唱和甚多,他擅画花卉,尤其精于墨梅,晚年虽双目失明,尚能以意运腕,书作狂草,为人作画笔致清疏,神妙犹如常人。高翔则善画山水,笔墨取法弘仁的静简,却又融入道济的纵恣,简洁秀润,气势豪迈,又善画梅,曾经与汪士慎合作《梅花纸帐》巨制,传为佳作。他晚年右手残废,遂以左手作书,字奇古,可惜流传甚少,世以为宝。

黄慎与罗聘则是具有较深文化修养的职业画家,早年即卖画为生,故而练就深厚的画技功夫,由于作品需要寻找市场,所以注意适应民间欣赏习俗,又因受时代风气影响,结交名流,以诗画会友,亦吸取了士大夫画家所长。其中,黄慎的画别具一格,他幼年家贫,习画刻苦精勤,擅画肖像、山水、花鸟等,侨居扬州后画风大变,发展了大写意人物画,笔下多取材于社会下层的流民、乞丐、渔夫、贫僧等,立意颇见生活情趣,寥寥数笔便将这些人的神态惟妙惟肖地表现出来。罗聘又号两峰,晚号花之寺僧。他迁居扬州后,曾受业于金农,又发展了其师的艺术。他的人物、山水、花卉都极精妙,特别是八幅《鬼趣图》充满对社会现象的讽刺,一时轰动,名流雅士纷纷题咏,清人笔记也时常提到,可见影响之大。

这"八怪"及一批志同道合的"怪画家",因在扬州路上卖画而殊途同归,互相渗透,彼此影响,又受到扬州市民阶层喜新尚奇风气浸染,因此不追时俗,独创风格,另辟蹊径,有人总结他们的艺术特点是:师造化,抒个性,用我法,专写意,重神似,端人品,重修养,可以说这是他们共同的绘画风格。

清代怪诞名士郑板桥

郑板桥是清代名士中最有个性的人,列于"扬州八怪"之首。他的怪,从一幅"墨竹图"和"难得糊涂"的书法,即可看出。那一幅"墨竹图",从构图上看,颇有独到之处。翠竹分两组纵列,上下顶天立地,犹似散乱的篱笆,此是画竹之大忌。满纸竹竿与竹节,仅寥寥几丛竹叶,可他在竹竿的空隙处又穿插了数行题跋,倒使得画面疏密有致,陡现出一派新奇。他的绘画清朗峭拔,苍劲潇洒,虚实得当,有气冲霄汉之感。另一幅"难得糊涂"的书法,可在多处见到。他的书法前无古人,后无来者,古拙遒劲,沉雄谲诡,将真、草、隶、篆熔于一炉,自称"六分半书",指的是不足八分,另一分半乃行楷、篆法、画意,有自我解嘲之意。据说,他在街上看到几个小孩子玩耍倒铁钉、抓石子游戏,用铁钉与石子摆玩,郑板桥望之入神,反复玩味,将其意韵化入字体中。他的书法,笔画及其间颇有铁钉横斜,乱石铺街的味道,人们又称郑板桥的字是"乱石铺街"体。从郑板桥的字画中可体味出他狂放不羁的姿态,惊世骇俗的精神,愤懑痛苦的内心。

郑板桥名郑燮,字克柔,号板桥。他出身于江苏省兴化县一个穷苦教师家庭,自小丧母,家境清贫,其父取《尚书·洪范》中的"燮友克柔"之意,为郑板桥取此名字是冀望他成为委顺随和的人,谁知儿子竟成为中国文化史上为数不多的艺术大师呢？他家仅有茅屋两间，坐落于县城东面的古板桥西。护城河水流清澈，人们用木板铺成一座桥，即称板桥。郑板桥长大后，在朋友们的资助下读了一些书，又刻苦自学，终成奇才。他忘不了这座桥，也忘不了在桥头观赏景色而流连忘返的时刻，便给自己取号为"板桥道人"。他的号流传广远，本名倒不为人知了。他名列"扬州八怪"，除了诗、书、画中有怪味外，脾气也怪僻：很瞧不起读书人，宣称"世间第一等人，只有农夫"；自道"写字书画是俗事"，讨厌附庸风雅之人，而且公开张贴"笔榜"，标明其书画润金；他还是康乾诗坛的著名诗人，崇拜杜甫与李商隐，贬斥李白和温庭筠，认为后者不该与前者齐名。郑板桥在乾隆元年考中进士后，已是43岁，到河南范县和山东潍县当县官，"在任十二年，图圄囚空者数次，以岁饥为民请赈，忤大吏，遂乞病归"。传说，由于他一再为灾民请愿，要求上司赈济，使得上司很恼怒，指责他"事先既不预防、准备，事后又不好好赈济"，甚至诬陷他假借赈灾来贪污舞弊。郑板桥愤然去职，以病乞归，寄居扬州，卖画度日。他辞官之日，潍县百姓痛哭遮留，万人空巷，家家户户为感念其政绩，画像以祀。

郑板桥的诗歌亦为一绝，有一些诗词与道情至今仍在民间流传。他63岁时作客如皋，寄居汪氏文园，其间所作《板桥自序》表露出，他甚为推崇杜甫的诗歌，"板桥无不细读"，"一首可值千金"。而且，他以为，"忧国忧民，是天地万物之事"，关心民间疾苦应是诗中重要主题。他诗歌中的《逃荒行》、《还家行》、《悍吏》等篇，也确实可以与杜甫的"三吏"、"三别"及白居易的《卖炭翁》相媲美，那些诗反映了农民的悲惨命运与痛苦生活，体现了诗人的同情悲悯之心。当时山东各地发生严重灾荒，可繁重的苛捐杂税仍不见减免，农民们卖儿鬻妻，逃荒要饭，惨不忍睹。郑板桥作为地方官吏，觉得有责任向同僚及上司呼吁，谁想到反而横遭诬陷。在当时以阿谀逢迎为风气的黑暗官场，郑板桥的性格又成为一"怪"了。

我最喜读郑板桥家书。他的书信据其自称，"共百数十通"，但散逸约有一半以上，"及今搜检，只存五十五通"了。这些书信，可以说是流露着真性情的精美散文，亲切平易，耐人体味，随手写来，绝不矫饰，颇有自然质朴之美，也是这位文化大师的心灵独白。人们如今常评论他的"难得糊涂"哲学，以为是不执著其中，任其自然。殊不知，这也是一种思想困惑与矛盾。他所处的康乾盛世，实质上接近封建社会末世，已有大厦欲颓之势，郑板桥敏感地看到了这一点。他忧国忧民而又充满无奈，无力挽救时艰，尤其是他的思想难以突破旧的传统道德文化的桎梏，只能在此迷圈中徘徊，就必然造成了痛苦、复杂与分裂的文化人格，这是他怪诞的深刻缘由。

李渔与"芥子园"书店

　　明末清初的文人李渔可称是大杂家。他在文学史上有地位，是由于其杂著《闲情偶记》提出了系统、全面的戏曲理论。可他又是小说家，也是诗人，还是对历史颇有研究的学者；当然，他创作最多的是戏曲剧本，尽管不少剧作已流失，但至今流传的剧本仍然有18种。他居住在杭州时，既搞创作也编书，结交文人雅士甚多。尤其是主编名人书信集《尺牍初征》及《尺牍二征》时，他请著名诗人吴梅村为"初征"一书写了序言，而且宿儒钱谦益也曾经赐稿，还与他结为好友。

　　康熙十年，李渔举家移居南京，创办了圣翼堂书店。他寓居于武定门外的金陵闸附近的"芥子园"，新开张的书店也在此园内，印出的许多书籍也刻上"芥子园"的名称，结果圣翼堂书店的招牌反而淡薄，"芥子园"书店的名声则风行于世了。他在杭州就开始编书，不少士大夫高官拜托他出版诗文集，其中确实有一些好作品，不得不忍痛割爱。而他自己的作品出版时，常常受到书商们经济上的盘剥，甚至被盗版。于是，他就谋划自己开一家书店，由入赘他家的女婿沈因伯作为经营助手，颇想把书籍出版事业也搞起来。明代以来，南京的印刷出版业很兴盛，附近的宣城是优质纸的产地，徽州则是名闻天下的"徽墨"产地，南京城中已有数十家书店了，街上还有很多书摊，秦淮河上甚至也漂泊着不少出租书籍的书船。

当时的书坊仍保持手工业特点，制版、雕版、印刷，每道工序要花很大人力，亦需大笔资金，印书成本很高。李渔希望在同行中崭露头角，专门聘请了一位刻字高手，下决心拿出最精美的书籍。但没过多久，经济预算已经大大超支了。他只好跑到扬州"打秋风"拉赞助款，那些官员的文稿经由李渔之手润饰、编辑和出版，都很买他的面子。有人直接出银资助，也有人找来喜欢附庸风雅的大盐商捐款，终于使他满意而归。以后，李渔又拉到一批名士高官的稿件，其中很有名望的诗人王士祯就给了他一部文集，还介绍了一批新的官员士大夫。李渔手中就有了一张很完备的"官场联络图"了。

"芥子园"书店的生意颇旺盛，很快出版了不少畅销书。长篇小说《水浒传》、《三国演义》、《金瓶梅》等书，在当时市面上风行一时，李渔又出版了这些书的评点本，他用生动笔触指出那些作品的思想文化、艺术技巧和人物性格等方面的精彩之笔。这些评点本小说，再加上李渔自己创作的一些作品，如短篇小说集《无声戏》、《十二楼》及长篇小说《合锦回文传》等，成了"芥子园"书店的一个很大特色。他还开发了许多项目，比如一种信笺，除了有生动新颖的图案，还有各种层次的套色，并且书店还可由顾客自行设计喜爱的图案，由他们代为制版印成信笺。许多别出心裁的招数，加强了"芥子园"书店在同行中的竞争力。

清初的文化氛围时松时紧。但在顺治十六年郑成功率大军反攻江南失败后，清廷为了镇压汉族百姓的民族情绪，又制造出各种借口对汉族官吏及士人进行多次打击，曾经担任浙江布政使的张缙彦被革职判罪，被弹劾的主要罪名就是资助李渔刊刻短篇小说集《无声戏》二集。李渔此时刚将一部《古今史略》交付书商，闻讯立即把书稿收回，以免自己被进一步牵连。清统治者的文化政策以后向封建道学回归，文化整肃的矛头又针对小说、戏曲，斥之"琐语淫词，有乖风化"。"芥子园"书店的生意就更不好做了，收入越来越有限，李渔只好加紧想办法再去"打秋风"。他甚至组织了一个家庭剧团，到许多官僚富绅家去演出，以开辟新的财源。但有所得必有所失，他趋奉权贵豪门也尝尽了酸甜苦辣滋味。"三藩事件"后，一些人向朝廷告他，说他曾是耿精忠及吴三桂女婿王长安的座上客,还在主编的《资政新书》中收入吴三桂的文章。李渔惊恐之余,只好为平息此事四处奔走,拜望乞求了一些朝廷高官后,终于设法消弭了这一事件。

李渔已经七十多岁了。他想过一个安稳散淡的晚年,决计卖掉"芥子园"别墅,书店的生意完全交给女婿沈因伯去做,自己与家人重新搬回杭州。迁居杭州三年后,李渔由于心情抑郁苦闷,大病一场。他病逝临终前,唯一让他欣慰的是,女婿沈因伯从南京赶来探望他,携带了印好的部分《芥子园画传》样张,五色套色彩印的画幅,刻工甚为精妙。李渔强撑病体,给《芥子园画传》写下序言:"余平生爱山水,但能观人画,而不能自画。今病经年,犹幸湖山在我几席,寝食披时,颇得卧游之乐……"这套书是清代王概兄弟编绘的,运用当时最先进的印刷技术所出版的中国画绘画技法教材名作,此书在中国出版史和美术史有一定地位和影响。

中国报业第一人

国内学术界已经开始兴起对晚清时期重要学者王韬的学术研究。自从20世纪90年代初忻平所著《王韬评传》出版后，陆续又有关于王韬著作、年谱及其新闻思想的各种研究成果十余种。林语堂曾经称赞王韬是"中国新闻报纸之父"。王韬在1874年于香港创办的《循环日报》，是我国第一家自办的以新闻政论为主的报纸。这张报纸积极传播西方文化，呼唤开放与维新意识，主张变法图强，其思想观点对近代洋务运动、维新变法和立宪运动都产生过深远影响，在中国近代史上应该有重要地位的。

王韬是江苏省苏州人，他的父亲为乡村塾师，亦是饱学之士。王韬少年聪慧，从父苦读古代经史。他在13岁时又师从长洲颇具才名的顾惺，其人擅长诗词，有报国之志，认为文人应"积硕学为世用"，这些思想对少年王韬影响甚大。1847年，王韬父亲在上海设馆授徒，也有学者推测他为英人所设的墨海书馆服务。次年春天，王韬至上海探望父亲，在墨海书馆首次与英国传教士麦都思及其两个女儿会面，这是他人生的一个重要转折。王韬后来在《漫游随录》一书中回忆："麦君有两女，长曰玛梨，幼曰琊阑，皆出相见。坐甫定，即从晶杯注葡萄酒殷勤相劝，味甘色红，不啻公瑾绸缪也。又为鼓琴一曲，抗坠抑扬，咸中音节，虽曰异方之乐,殊令人意也消。"这次相见时,麦都思盛意邀请王韬留墨海书馆工作,但王韬却未应邀。在当时儒士观念中,为夷人做事是不体面的。第二年农历六月其父去世,王韬因经济窘迫,遂应聘至墨海书馆,从此接触西学,耳目为之一新,一生事业发轫于斯。

此时正是太平天国革命和第二次鸦片战争期间,王韬关心时局,颇有济世之志,他屡次向清廷献"御戎"、"平贼"条陈,却未被采纳。1860年,李秀成率领的太平军攻陷苏州、常州一带,并进逼上海。王韬于1862年年初又回到家乡,在此期间曾具名苏福省儒士黄畹上书太平军将领刘绍庆,为其出谋划策。李鸿章率领清军占据上海后搜获该信,并得知黄畹即王韬,就以"通贼罪"下令通缉。以后,淞沪一带百姓相传王韬为"长毛状元",这是误传。那一年太平天国确实在天京举行会试,但选中的状元为徐首长。戏剧家洪深在20世纪30年代曾经在《文学》上发表论文《申报总编纂"长毛状元"王韬考证》,文中的一些事大概就是依据此民间传说而来的。

清政府下通缉令时,王韬正在墨海书馆服务。恰好,馆长麦都思的儿子麦华陀爵士正担任英国驻上海领事。王韬在英国领事馆避难四个多月,就在英国领事馆人员护送下,搭怡和洋行的邮轮亡命香港。香港英华书院的院长、汉学家理雅各是麦都思的好友,他聘请王韬翻译了《尚书》、《竹书纪年》等。王韬居香港五年,理雅各也成了他的好朋友。空暇时间,理雅各时常邀请王韬至薄扶林寓所小住。1867年,理雅各离开香港回到了苏格兰家乡克拉克曼南郡的杜拉村,他也邀请王韬到欧洲游历,并前往英国帮助他翻译中国古典文献。这年11月20日,王韬乘轮船从香港起程,取道新加坡、锡兰、槟榔屿、亚丁、开罗,出地中海,经墨西哥达法国马赛,旅行全程约四十日。每经一港口,王韬必游览一番,并写下生动详尽的游记。他由马赛转乘火车从里昂至巴黎。在巴黎,他游览了卢浮宫等名胜,并拜访了索邦大学的汉学家儒莲。在巴黎小住十余日后,王韬又乘火车去加来港转搭渡轮至英国多佛尔港,又改乘火车到伦敦。此时他的挚友理雅各正在伦敦等候他,还陪同他参观了大英博物馆、圣保罗大教堂等。牛津大学特邀王韬到校以华语演讲,这是历史上第一次中国学者至该校演讲。王韬侃侃而谈,叙述了中英通商历史,希望两国人民增进友谊，互相了解，和睦相处，"是时一堂听者无不鼓掌蹈足，同声称赞"。王韬离开伦敦后，又应理雅各之邀赴其故乡苏格兰克拉克曼南郡的杜拉村，在那里翻译中国经典《诗经》、《易经》和《礼记》等。在此期间，理雅各及三女儿玛丽还陪王韬游览了杜拉山、坎伯拉古堡、斯德零故宫等地，还参观了苏格兰首府爱丁堡，访问了爱丁堡大学，又去阿伯丁、亨得利、格拉斯哥、丹迪等地旅行。王韬每游一地，就写下观感记录，后来在上海编入《漫游随录图记》一书。王韬在海外不仅向外国人介绍了中国孔孟的思想，还教一些初识汉文的外国人吟诵中国古诗词。他的装束非常中国化，"博带宽袍行于世"，还留着清朝人的辫子，即使被外国人误认为女人也无所谓，而不像其他那些欧化的中国人那样改穿西服。在欧洲游历时，王韬对英国的君主宪政甚感兴趣，他多次旁听英国议会开会，目睹议员们在议会中自由表达政治观点，使他赞佩不已。他又见英国的放牧颇像中国北方牧场，春夏不入圈，散放于郊区，未有偷盗之事。风俗是政治的一面镜子，由此可见英国的政治清明，国泰民安。在王韬写的《普法战争》和《重定法国志略》两文中，他认为普法战争中法国的失败是由于废除共和制而采用帝制，造成人民不满，民心涣散。他批评法人骄奢淫逸，"都中（指巴黎，作者注）风尚习于豪奢，终日饮酒歌呼无戚容，男女无贵贱，竞华饰，喜奢侈，衣服丽都游于市，或值宴舞娱乐之事，一掷千缗无所惜"。正是拿破仑三世的政治独裁，奢侈腐败，才导致了法兰西帝国的崩溃。

王韬于1870年重返香港，曾经在一段时间内为《华字日报》撰稿。不过，这份由外国人掌控的报纸当然不会为中国人说话。他颇感言论不自由的束缚，自己的很多政见不能得到充分表达。四年后，他在友人黄平甫帮助下集资买下原英华印书院的印刷设备，成立了中华印务总局。随后又创办了《循环日报》。这是第一份"华人资本、华人操权"的新闻政论性报纸，也是清末第一份传播改良主义思想的报纸。也可以说，是当时中国人自办报纸出版时间最长也影响最大的。王韬担任首任《循环日报》主编，他与香港报业人士交往甚密，比如《华字日报》的陈廷蔼等都是其好友，良好的人脉关系使他在报业声望很高。中国知识分子古来就有"清议"传统，王韬在报纸上以"遁窟废民"、"天南遁叟"、"欧西寓公"

等笔名撰写的政论文章大都刊登在"中外新闻"栏目里,据学者研究约有上千篇,大概分为三种内容:一是评说国际时事和中外关系;二是呼唤社会改革,涉及政治、经济、军事、教育各方面;三是议论社会生活中如防火、防盗、禁赌、赈灾等实际问题。他还邀请了郑观应等具有早期改良主义思想的知识分子写文章,痛陈列强瓜分中国的危险,主张学习西方,变法自强。《循环日报》的新闻版分"京报选录"、"羊城新闻"、"中外新闻"等栏目。除日报外,每月另出月报一册,选择重要新闻和评论文章汇编而成,单独发行。《循环日报》还有固定的商业性专栏,如"香港目下棉纱花匹头杂货行情"、"公司股份行情"、"船期消息"等,商业经济信息占了一版、四版两个版面,新闻占了二版全版和三版半个版面。全报约一万八千字,商业经济交通信息占一万一千字,新闻占七千字。由于经济版适应了香港、广州及澳门地区华人贸易的需要,成为报社的主要收入来源,使之能长期维持经济独立。经过多年办报,王韬形成了自己的新闻思想,他在许多论文中阐述了办报目的、报纸职能与作用,报纸应该坚持的立场及主笔的遴选等。他提倡报刊应发表自由言论,彰显其民主议政的职能;主张加强报刊信息沟通的功能,担负起"广见闻、通上下"的桥梁作用;还强调报刊应当"辅教化",明确其去恶扬善和开启民智的社会责任。他特别呼吁报业从业人员应该道德高尚,通晓古今,因为报纸不仅要"博采群言、兼收并蓄",传播新知识,而且要评论时事,开启民智;"纪事"和"述情"两方面都要求报人有"通才"的业务素质,"其间或非通才,未免识小而遗大"。

王韬以《循环日报》主编身份,应日本《报知新闻》邀请,1879年前往日本进行为期四个月的访问。这次访问被认为是"中日两国新闻工作者之间的第一次交流"。王韬考察了东京、大阪、神户、横滨等城市,他深刻感受到明治维新后日本社会发生的巨变。日本与中国一衣带水,国内的文字、文化、风俗甚至政治生活领域都存有中国古风,所以他总情不自禁将两国加以互相比较。他认为,中国应该学习日本明治维新以来的政治变革经验,提倡西学,发展工商业和新式交通事业。但是,他也对当时日本社会盲目崇拜西方、全盘西化等种种做法持否定态度。日本之行使他思考了很多,后来写成了《扶桑纪游》一书。他晚年时中日关系紧张,发生甲午战争,他由于对日本社会状况有较深入的了解,所以能够提出对付日本的诸多方策。

由于得到了李鸿章的默许,王韬于1884年又回到上海。他流亡二十余年后又重归故国,内心应是感慨丛生的。他主持了格致学院,这是美国基督教会在中国办的学校,后来发展为岭南大学,曾经为国内培养了许多人才。王韬在这一段时间,曾经与洋务派的丁日昌、盛宣怀等官宦交往甚密切,但他把更多的精力放在著书立说上,写了不少文章主张在中国实行君主立宪政体,学习西方的先进科学,发展近代民族工商业。他反对闭关自守,呼吁变法图强以挽救民族危机。尤其值得一提的是在1894年,已至暮年的王韬还亲自为孙中山修改了《上李鸿章书》,并修书将孙中山介绍与李鸿章的幕僚罗丰禄、徐秋畦等人,希望此"上书"能够得到强有力政治人物的回应。如此幻想当然最终归于破灭。王韬著述与译作丰富,著有《韬元文录外编》、《韬元尺牍》、《西学原始考》、《淞滨琐话》、《漫游随录图记》等四十余种,他的改良主义思想对戊戌变法曾经产生过重要影响。1897年秋,王韬溘然长逝于上海寓所。

藏书家李盛铎

　　一位学者在北京图书馆翻阅到李盛铎的藏书目录三大本，共五万八千册。藏书中多是珍贵的宋元版本，也有绝少流传甚至已经失传的善本，在目录引言中说："一九一一年以后李盛铎旅居京华，经常到琉璃厂访书，当时著名私家藏书散入厂市，如曲阜孔氏、商丘宋氏、意园盛氏、聊城杨氏，这些书都通过琉璃厂由李氏购来，藏书精华亦多藏于李氏。"李盛铎藏书数量之多，质量之高，是许多学者叹为观止的。商务印书馆董事长张元济在1927年10月15日致另一位藏书家傅增湘的信中称："木老(李盛铎)允借两汉晋书，索酬万元。"当时商务印书馆为了印百衲本《二十四史》，不得不向李盛铎借出宋刻本的《汉书》、《后汉书》和《晋书》。

　　李盛铎在晚清时曾任翰林院编修、国史馆协修、京师大学堂总办、山西巡抚等要职，还担任过出使各国的政治考察大臣，民国以后担任过许多重要职务，使他有丰富的阅历和经济实力能够搜罗和购买书籍。他幼读经史，12岁就开始购书，所购的第一部书是明景泰五年刊刻的《文山先生全集》，以后又抄书、校书，在文坛已小有名气。他青年时期与日本人岸田吟香相识。明治维新后，日人不重视古籍，岸田氏回国搜罗许多日本古刻本、活字本及旧抄书卖给了李盛铎，成为他藏书的重要组成部分。

李盛铎生于世代官宦家庭,因此藏书有着渊源的家世。其曾祖父李恕喜藏书,建藏书堂"木犀轩"于家乡九江谭家坂,已有书籍十万卷,太平天国变乱时被烧毁。他的祖父又继续藏书,至其父李明墀,曾官至湖南、福建巡抚,尤喜藏书和刻书,廉俸所余辄购置各种书籍,所藏书多至数十万卷。"木犀轩"到李盛铎已是四世藏书了。其中藏书有一部分是他从祖父那里承袭下来的,也有一部分是他随父亲宦游湖南,获得湘潭袁氏藏书,多为宋元明珍本;但更大部分藏书却是他花费毕生精力辛苦收集的。他常常去逛厂市书肆,闻有旧书出售必亲往,不惜花重价购买,时有遇好书因价昂贵买不起,便去借抄借校,或令子侄辈抄写。他晚年寓居天津,更以买书藏书为乐,适值政治变乱时期,许多名门望族的私家藏书纷纷流入厂市,多为李盛铎所购得。他专与书商订交,常由他们送货上门,甚至某种篇幅失散的书籍,他仍会买凑起来。如有一种极罕见的星命之书,他就先购得了残本,八年后又买到散失的部分,使全书得以完整。以后,他又收入聊城杨以曾海源阁流散出来的宋元古刊本,木犀轩的藏书也就更多精华了。所以,藏书家明伦推崇他是"吾国今日唯一大藏书家"。

北京大学图书馆馆长向达教授称,李氏藏书版本性古书甚多,许多书在雕版史与图书史有特殊地位,尤其是一些罕见的佛教经典古刻本,可供研究宗教史的学者们作为资料,也是雕版印刷史的重要资料。李氏藏书中还有不少古代医学书籍,如《太平圣惠方》修成于北宋初年,是中医书中的重要文献。明初尚存,以后即逸去。如今原书又被发现,是对祖国医学研究事业的一大重要贡献。"李氏书中有许多明抄本和清抄本,其名贵不下于古刻本。因为抄本保存了原书的款式和内容,远胜后来翻本。至于名人抄本,除此以外,又可当做书法名迹看待,比普通抄本更胜一筹。例如明姚舜咨手抄本《云麓漫抄》等。"李氏藏书还有大量校本与稿本,"稿本有戴震、孔继涵、翁方纲等人所著书。校本有钱谦益、何焯、王鸣盛等人手迹"。对李氏藏书进行多年研究的北京大学图书馆古籍特藏部主任张玉范女士也说:"李盛铎不仅是一个藏书家,而且是版本学家和校勘学家,藏书中很多都经过他手校勘。从他写的《题记》和《书录》

中可看出他的水平是相当高的。"向达也有相同评价,说李盛铎勤于校勘书籍,一书甚至三四校,"每多有自写题跋,述得书经过,版本源流和书林遗事甚详"。

　　李盛铎一生藏书有九千多种,五万八千余册。其中宋元古本有三百余种,明刊本两千余种,抄本及稿本两千余种。李盛铎于1937年去世后,木犀轩全部藏书由北京大学收藏。

再谈李盛铎

　　我写的《藏书家李盛铎》一文，刊登于2007年第9期《博览群书》杂志。此文发表后，引起一些朋友的兴趣。他们纷纷与我通电话，谈起李盛铎的一些逸闻往事。一位老先生说，他在20世纪50年代曾经目睹过李盛铎任京师大学堂总办时的署名文书。另一位熟读清史的朋友则告诉我，李盛铎是晚清官场很走红的著名官僚，亦是戊戌政变中的风云人物。

　　我对李盛铎在戊戌变法中的所作所为颇感兴趣，因此检索了一些晚清史料，才对他的那段从政经历有所了解。李盛铎是光绪十五年己丑科殿试一甲第二名，即那年进士科的榜眼。他原是依附于帝党官僚的，所以也曾经有过维新倾向。1898年春天，各省旅京人士纷纷成立以省为单位的学会，如闽学会、陕学会、蜀学会等。维新派遂将各省学会联合起来，宣布以"保国、保种、保教"为宗旨，并拟定章程三十条，组织了已经有近代资产阶级政党雏形的保国会。保国会由康有为发起，李盛铎出面组织，于当年4月12日在北京正式成立。当时列名入会者186人，以后陆续又有人加入，保国会的成立将维新变法运动推入一个新的高潮，李盛铎此时与康有为、梁启超等维新人士过从甚密。可不久，顽固派旧官僚接连上奏，攻击保国会"包藏祸心"、"阴谋叛乱"；咒骂康有为"僭越妄为，非杀不可"。李盛铎惶恐不安，又闻御史潘庆澜欲参劾首倡成立保国会诸人,便急忙检索名册,自削其名。慈禧太后的政治态度越来越明朗化,一再对维新派人士进行打击,政治力量对比明显对维新派人士不利。于是,不少会员纷纷退出保国会,该会处于无形中自然解散的尴尬境地。李盛铎为求自免,乃抢先连奏三本,反噬保国会诸人,以后又投靠直隶总督兼北洋大臣荣禄,积极为其出谋划策。在"百日维新"期间,他受荣禄指使,上本奏请光绪帝奉慈禧太后去天津阅兵,企图实现后党顽固派官僚以武力胁迫光绪帝退位的阴谋。戊戌政变后,李盛铎一度任清朝驻日公使,负有监视康有为等一批逃亡日本的维新派人士的秘密使命,曾经多次派密探跟踪康有为,并伺机抓捕他。所以,李盛铎在戊戌变法运动中的所作所为,可以说与袁世凯相同,是彻头彻尾的投机政客。他们都一度接近过帝党维新派,但在政治风云变幻中又很快出卖维新派,并且得到慈禧太后的宠信,步步高升到显要职务,靠戮杀维新派染红了官僚顶戴。李盛铎出任驻日公使后,又归国担任过顺天府丞。1905年还受清朝政府派遣,出洋考察过宪政。到了1911年武昌起义时,清廷又将他由山西按察使擢拔为布政使兼护理巡抚,已经是代理省长的职位了。他在民国建立后,还担任过山西省民政长、总统府顾问、参议院参政,以及北洋政府的农商总长,参议院议长等要职。

记得,我曾经看到一个电视剧本《戊戌年》,里面也描写李盛铎在戊戌变法中政治态度的变化,但作者过于强调他是在荣禄的压力下才变节的。我不知道作者描写这一情节的史料根据是什么。如今,关于戊戌变法的论文和书籍已有很多了,但是辑集的具体史料仍嫌太少。史家太过于着眼对重大事件的研究了,而对于那次历史风云中许多投机派官僚的史料却微乎其微。据我所知,当时的投机派不仅有袁世凯、李盛铎,还有王文韶、刘坤一等大官僚都曾经捐银参加强学会,政治气候变化后又退出。其实,仔细研究探讨这些投机派官僚的心理变化过程,既可以深入审视中国专制政治体制的阴暗腐败,也能严肃反思旧的传统道德文化所出现的不可弥补裂痕,是一件极有意义的事情。特别是,戊戌年间那一批投机政客,后来在民国初期大都成了高官显宦,当中华民族走向民主共和的紧要时期,却由这些政客操弄权柄,假公济私,以致误国误民,把国家拉入一片战乱中去,难道其中就没有惨痛的历史教训可吸取吗?

1997年11月7日的《北京日报》,曾经刊登一篇文章《大英图书馆发现中国手卷伪作数百件》。文中披露一事,大英图书馆手卷藏品负责人苏娜·怀特菲尔德宣布,经新的科学检测方法揭示,目前在大英图书馆收藏的15000卷中国字画中手卷伪品达600件。这些赝品中的一部分是由李盛铎所伪造的。由于李盛铎是声名显赫的大藏书家,所以外国购买者对其经手的古董不至于产生怀疑,据说,此事大概发生在辛亥革命后,李盛铎曾经将一批运往国家图书馆的敦煌手卷珍品私自拿到家中,然后进行了作伪活动。他以后将这批作伪的敦煌手卷卖给了日本人,又辗转流传到了伦敦的大英图书馆。

到了20世纪末期,已经默默无闻的李盛铎又在世界上大大有名起来了,他的名字出现在各国的报刊上。可是,这名声是丑名,又玷污了他作为一名藏书家的声誉。

民国报人邵飘萍

　　民国初期北洋军阀当政,为了钳制新闻舆论,曾经杀害了报业先驱邵飘萍、林白水,人称"青萍白水"案。两位新闻记者只因为揭露社会黑暗和抨击时弊,却以身殉职而牺牲于军阀屠刀之下,这是中国新闻界的一幕历史悲剧。

　　邵飘萍先生是浙江金华人,原名邵振青,飘萍为其笔名。他少年聪慧,仅14岁即考中晚清秀才,18岁入浙江高等学府,在校读书期间为《申报》撰稿,被聘为该报的特约通讯员。1912年他在杭州与人合办《汉民日报》,于报端揭露贪官污吏丑闻,并撰文抨击袁世凯的复辟帝制阴谋及卖国罪行。两年后,袁世凯政府封闭《汉民日报》,逮捕邵飘萍入狱。后来,邵飘萍被人营救出狱,东渡日本进法政学院留学,同时又组织了东京通讯社。他在1915年时得知日本政府向袁世凯提出了"二十一条",立即设法向国内披露此事内幕,引起举国上下一片抗议怒潮。次年春天,邵飘萍回国担任《申报》、《时报》、《时事新报》主笔,继续抨击和揭发国内统治者的黑暗,两年内写250篇文章,约20万字。以后,《申报》老板史量才颇欣赏邵飘萍才华,聘其为驻京特派记者,这是中国第一次有"特派"称号的记者。邵飘萍在"北京特别通讯"栏连续写出一篇篇文章揭露官场黑幕,受到读者们的欢迎,但也因此而触怒了官僚政客们。

1918年7月，邵飘萍在北京创办了新闻编译社，这是第一家中国人办的通讯社。三个月后，他又创办了《京报》。那时的北京城已有70余家报纸，大都被官僚政客的各派系所津贴，有着一定的政治背景，人们讥刺他们"无报格"。邵飘萍决心办一张真正体现民意的报纸，在创刊词中写道："必使政府听命于正当民意。"他还在编辑部悬挂一幅自己手书的四字条幅"铁肩辣手"，以此为座右铭。他钦佩明代被奸相严嵩杀害的谏官杨椒山，喜欢杨椒山的名句："铁肩担道义，妙手著文章"，但他把"妙手"改为"辣手"，显示出其不妥协的斗争精神。《京报》是一张对开四版的日报，其重要特色是新闻多，评论多，副刊多。所以，这张报纸信息灵通，内容丰富，敢于直言，在京城中有一定销量和威信。在1919年的五四运动期间，《京报》严厉指责曹汝霖、陆宗舆、章宗祥的卖国罪行，因此触怒了段祺瑞政府，报纸被封闭，邵飘萍只好再次流亡日本。1920年下半年，段祺瑞政府倒台，邵飘萍回京恢复《京报》，并任教于北京大学、北京政法大学，开新闻采访课及报纸经营学等课程。他与蔡元培创办了"北京大学新闻学研究会"，举办过一期讲习会，学生中有毛泽东、罗章龙等。毛泽东后来在陕北对美国记者斯诺说："特别是邵飘萍，对我帮助很大。他是新闻学会的讲师，是一个自由主义者，一个具有热烈理想和优秀品质的人。"

1925年，邵飘萍与北京进步文化界积极欢迎孙中山北上，呼吁召集国民会议。这期间，《京报》刊出孙中山沿途中的照片，并在报纸上冠以"全国景仰之孙中山先生"的标题。次年，北京发生"三·一八"惨案，邵飘萍又在报纸撰文谴责段祺瑞执政府屠杀学生和市民的暴行，详细报道了事实真相。他还曾经在报纸上刊出那些大军阀的照片，下面注有说明文字"奉民公敌张作霖"、"鲁民公敌张宗昌"、"直民公敌李景林"等，因此招致那些军阀武夫的嫉恨。他们也曾经想收买他，例如张作霖就汇款30万大洋给他，邵飘萍却义正词严地说："张作霖出30万大洋买我，这种钱，我不要，枪毙我也不要！"

张作霖于1926年4月率奉军入京，即以"鼓吹赤化"罪名缉捕邵飘萍。邵飘萍只得躲入东交民巷的六国饭店中。可是，他在4月22日遇旧交张翰举，不知道其已经被军阀收买。误信其谎言，以为缉捕令已经松弛，遂乘车回报馆处理事务,途中被埋伏的军警逮捕。两天后,邵飘萍被押至天桥刑场枪决。临刑时,还向监刑官拱手道:"诸位免送!"他就义时仅40岁。邵飘萍牺牲后,残暴的统治者竟扬言:"谁收尸,谁就有革命党嫌疑。"此时邵飘萍夫人已潜避他乡,亲朋好友也不敢去收尸,只有故交京剧名伶马连良挺身而出,毅然前往法场收尸,最后还为邵飘萍办理了后事。

开辟草莱的出版家

　　茅盾回忆录《我走过的道路》中,叙及他青年时期进入商务印书馆的经历时,许多处写到了当时的总经理张元济先生。茅盾称赞他"确实是开辟草莱的人。他不但是个有远见、有魄力的企业家,同时又是一个学贯中西、博古通今的人"。

　　张元济出身于浙江省海盐县名门望族,幼承家学,26岁即考中进士。他科举得意后被任为刑部主事,时值甲午战争失败,许多士大夫寻求新知识以图救亡自强。张元济即开始学习英文,并与一批志同道合者结社会友,倡导新政与变法。他曾积极倡办学习英语的"通艺学堂",兼办铁路矿物总局事务,后又入总理各国事务衙门任章京。在戊戌维新期间,他曾蒙光绪皇帝召见,上过条陈。此时,他已经察觉到某种危机,与康、梁一派保持一定距离。政变发生后,清廷给他以革职永不叙用处分。张元济赴上海在南洋公学筹备译书院,结识了严复、蔡元培等人,后因与盛宣怀有严重分歧,遂交卸南洋公学总理而加入了商务印书馆。

　　当时,商务印书馆不过是1897年在上海开办的一家小印刷厂,其中以鲍氏三兄弟及其姻兄夏瑞芳为主,雇用十余名工人,先招揽些小印刷品,后又扩资翻印一些英文教科书。张元济在译书院时曾找他们代印书籍,与夏瑞芳等人互相有来往。他在1910年开始投资商务印书馆,并在两年后设编译所,主持商务印书馆的编译事务。他与日本最大教科书出版商金港堂合作,引入一部分股金和先进印刷技术,以及编辑中、小学教科书经验,亲自主持编辑了一套《最新国文教科书》。这一套书后来占了全国中、小学教科书总发行量的百分之六十。编译所成立后,在1903年创刊了《绣像小说》杂志,次年创刊《东方杂志》,以后创办了《政法》、《教育》、《学生》等数种杂志,这些出版物为了讲求质量,颇舍得花钱买参考书籍。商务印书馆陆续购置了大量书籍,又成立一个图书馆,先起名涵芬楼,后改名为东方图书馆,面向社会开放。涵芬楼收藏了大量古籍善本,并从日本影印回大批已失传的图书。

张元济在1910年2月初出国考察,从新加坡、锡兰至欧洲,在英、法、德等11国中做了为期约半年的考察,又至美国,再赴日本,回到上海已是年底。他以中国出版家身份考察了国外出版事业,并且以商务印书馆名义同一些英美出版商签订合同,成为他们在中国的销售代理人。辛亥革命时,中华书局崛起。兴办人原是商务印书馆的骨干,他们揭露了商务印书馆与日本合资的事实,而以完全中国资本自办为号召。这迫使张元济、夏瑞芳与日方股东谈判,最终于1914年元月签订清退日股协议。1915年7月,商务印书馆又创办函授学校,张元济任校长,据美国《纽约时报》报道,截至1930年已有32000人毕业。例如著名教育家杨贤江即商务印书馆函授英文科毕业,以后从事翻译外国教育学论文。五四运动后,中国的思想文化界开始发生深刻变化,张元济、高梦旦等人看准时代潮流,开始对《东方杂志》、《小说月刊》等进行改革,比如《小说月报》由沈雁冰接办,并答应其提出的给予全权办事,不干涉编辑方针等条件。《小说月刊》改革后,先后由沈雁冰、郑振铎、叶圣陶主编,直至1930年年初因战火被迫停刊,为新文学运动作出了重要贡献。而《学生杂志》也交由杨贤江主编,影响了一大批追求进步的学生。此外,《教育杂志》和《妇女杂志》也分别由李石岑和章锡琛主编,这一大批杂志掌握在进步知识分子手中,推动了新文化运动发展。

张元济晚年辞去商务印书馆的职务,逐渐卸去担子。其实,他又挑起另一副重担,专心从事影印古籍之事。这项工作甚为艰辛,将一些珍本、善本古籍影印出版,是保存民族文化的重要工作。许多古典文化名著,特别是百衲本《二十四史》,就浸透了张元济的心血,他为完成此书共花费了18年宝贵光阴。新中国成立,张元济曾经担任全国人大代表、上海文史馆馆长等职,1959年8月14日病逝,终年93岁。

现代藏书家傅增湘

我曾经看到过一幅徐悲鸿为傅增湘所绘的画像,可惜是影印的照片。画幅中傅增湘先生身着长衫,面庞清癯,手持一卷书,前面摊开一册书,后面又堆积一摞书,颇显出其书生本色。徐悲鸿先生所绘的人物肖像画并不很多,所以此画十分珍贵。这幅画后面还有着一段文坛佳话。据说,徐悲鸿十分尊敬傅增湘,居北京时每年必至傅增湘家探望。两人的友谊渊源得自傅增湘任教育总长时,徐悲鸿当时还尚未成名,为争取得到一个公费留法名额,徐悲鸿带了自己的画作去拜访并不相识的傅增湘。傅增湘看了徐悲鸿的画作后大为赞赏,当即表示一定帮忙。然而,公布了第一批留法公费生名单中却并没有徐悲鸿的名字,缘由是被达官权贵的私人所挤占。傅增湘知此内情后很气愤,但也无可奈何。徐悲鸿不知道内情,以为自己被傅增湘耍弄,写信严词诘问。傅增湘因此更决心在此事上助徐悲鸿一臂之力。不久,教育部第二批公费留法学生的名单公布,徐悲鸿榜上有名。本来,徐悲鸿以为自己去信诘问火气太大,已经得罪傅增湘了,肯定再无希望公费留法了。待第二批名单公布,他才领会到傅增湘的一片苦心。徐悲鸿又亲往傅宅致谢,二人从此成为挚友。

傅增湘是四川泸州安县人,字润沅,后改字沅叔,他幼年入塾读书，又随其父宦游江浙等地，后定居于天津。他在光绪二十四年的戊戌科高中二甲第六名进士。也就在同年，发生了载诸史册的戊戌变法运动。他与牺牲的戊戌六君子中的刘光第、杨锐曾有交往，那时还专门撰文为六君子辩白申冤。而且，他以后还与也参加戊戌变法并受光绪皇帝接见的张元济是挚友，张元济任商务印书馆重要职务期间，二人往返信札密切，大都是谈论收书、印书、借书之事。从商务印书馆出版的《张元济傅增湘论书尺牍》一书可见，张元济是极信任和佩服傅增湘的。进入民国后，傅增湘1917年曾经在北洋政府王士珍内阁担任过教育总长，整顿各级学校，推广师范教育，且力主倡导推荐一批有为青年公费出国留学，为国家造就了一批精英人才，徐悲鸿就是其中一人。傅增湘在五四运动中同情学生的爱国热情，北洋政府有人主张解散北京大学，他坚决反对，以辞职力争。北大校长蔡元培愤然辞职离京，傅增湘也因为反对镇压学生及拒签罢免蔡元培的命令而辞职。傅增湘品格清正，十分厌恶军阀混战，贿赂公行，国事糜烂，便退出政界以求洁身自好，除了1927年担任过故宫博物院的图书馆馆长，从此未担任过其他职务。辞职后，傅增湘居住在北京石老娘胡同，贮书于宅旁园中，取苏东坡"万人如海一身藏"诗意，取其园为"藏园"，自号"藏园居士"、"藏园老人"。

　　辛亥革命爆发时，傅增湘曾参加唐绍仪的和谈代表团，花费百金买到一部宋版书，这是他购书之始。他的藏书处之所以名为"双鉴楼"，是其先祖藏书中有一部元本的《资治通鉴音注》，而后他又从端方流落的藏书中买到一部南宋版的《资治通鉴》，他将这两部宋元本合称为"双鉴"，也就成了藏书楼的名字。再以后，他又购得南宋淳熙十三年宫廷写本《洪范政鉴》一书，这是南宋内廷遗留下来唯一最完整的写本书，此书七百多年来一直在皇宫内府保存，民国初年才流落民间。1928年春，忽有一书商在北京琉璃厂售此书。傅增湘一时难筹巨资，遂毅然舍鱼而求熊掌，将自己珍藏的三箧日本、朝鲜古刻本卖去，换钱购得此书。傅熹牟先生描绘此书道："其书法清劲，有唐人写经之风格，桑皮玉版，玉楮朱栏，有内府玺印，确实为罕见珍宝。"此后，"双鉴楼"的"双鉴"之一，南宋写本《洪范政鉴》代替了元本《资治通鉴音注》。傅增湘经常流连于京城的琉璃厂和隆福寺等各书肆,还常到浙江、安徽等地访书,1929年又专赴日本搜求中国古籍。收藏图书与校勘图书成为他的毕生事业,若闻某地有善本,必倾资以求。倘买不到,也必求一见,借书来校勘。其所得薪金,除一点儿微薄的生活费用外,全部花费在购书上。有时还向他人借债买书,或是卖掉一些旧藏书以换得更有价值的善本。限于资财,傅增湘无力广收传世善本,便只能在不为人取的旧书堆发掘沉晦多年的精品秘籍。如某位书商从山西收来景祐本《史记集解》在天津出售。当时,京津一带许多藏书家均认为此书是不值钱的明朝南京国子监印三朝本。该书辗转多年无人过问,后来被傅增湘以很少的钱平价购得。多年后,文物收藏界才茅塞顿开,明白此书价值连城,方才后悔不迭。经数十年搜求,"双鉴楼"所藏已有宋、金刊本150种,元刊本几十种,三千七百余卷。明清精刻本、名抄本、名校本就更多了,有二十余万卷以上。傅增湘与当时著名藏书家曹元忠、王秉恩、吴昌绶、顾麐士、邓邦述、徐乃昌、蒋汝藻、董康、章钰、叶德辉、袁克文、刘承幹、张均衡、陶湘、周叔弢等人都有密切来往,互通信息,还互相馈赠书籍,并且代为在书市上搜书。"双鉴楼"的藏书更加丰富,清代的许多著名藏书家如端方、盛昱、徐坊、杨氏海源阁等流失的经典秘籍均先后归于其中。

　　傅增湘深嗜校书,他规定自己每日必校书30页。白天时间不够,就时常熬至深夜,虽是酷暑严寒,仍然日夜伏案校书不辍。例如篇帙达1000卷的巨著《文范英华》,就是他70岁以后所校的,仅此书的校记就写了数十万字。他有一种观点,世间善本珍籍无数,一人不可能全部收藏,但每见一书就借来校对一回,其作用要胜过书归自藏。他一生校书一万六千余卷,可谓是成果卓著。傅熹牟先生在《傅增湘传略》中写道:"到了晚年,傅增湘天天伏案校书,有时通宵不眠。即使在严寒的冬天和炎热的暑夏,他也坚持工作,不肯间断。有时家人催他歇息,他也舍不得离开书房。他为什么这样自苦呢?他认为,校书是对人类文明极有益的一件大事,庄子说,不为无益之事。人生在世,总要为人类做有益的事,怎么能虚度此生呢?因此,为了校书他从不觉苦,仅《文苑英华》的校记就写了数十万字。"伦明为他题诗(《辛亥以来藏书纪事诗》)说:"篇篇题跋妙钩玄,过目都留副本存。手校宋元八千卷,书魂永不散藏园。"这确实是傅增湘收、校书的写照。不过他所校之书不是8000卷,而是一万六千余卷,就更不容易得多了!同时,傅增湘又是一个学识渊博的版本学家和目录学家,每得一书必撰题跋,见一善本也写一书录。其藏书题记,辨版本之异同,校字句之误差,穷搜追踪宋代刻工姓名、避讳字样等资料,作为版本鉴别之佐证。由于他学问深厚,所作的藏书题记常发人所未发,详人所不能,开以往目录学家所未开。如今也曾经有著名学者撰文批评傅氏藏书而不能校书,并举其收藏宋本《南齐书》一事证之。其实,即使鸿儒巨擘做学问也难免有所疏漏。傅增湘的《藏园群书题记》等著作已经完全证明了其校书大家的地位。

傅增湘颇具开明风范,与另一些秘藏善本不肯示人的藏书家不同,他更乐于传布古籍。他个人集资刊刻了《双鉴楼丛书》、《蜀贤丛书》以及《周易正义》、《资治通鉴》等近十种书籍,多为他个人所藏的善本。他还为商务印书馆涵芬楼提供古籍善本数十种影印出版,百衲本《二十四史》也有多种取自"双鉴楼"。1944年春,73岁的傅增湘突患脑出血,半身瘫痪,卧病在床。傅家生活日渐处于困境,为了维持生活,他不得不出售一部分藏书。其中,他视为家珍的景祐本《史记集解》、宋蜀本《南华真经》也在内。他给友人信中哀叹:"藏书不能终守,自古已然。吾辈际此乱世,此等身外物为累已甚,兼以负债日深,势必斥去一部分不可。"其收藏宋刻本《后汉书补志》、《魏书》等善本书,也一时流往海外。这是傅增湘晚年最为痛苦之事。在日据沦陷区期间,傅增湘注重名节,未曾落水事敌。抗战胜利后,傅增湘病入沉疴,又嘱其后人将一批藏书捐赠四川大学。另外,其视为传家宝的"双鉴"及一批宋、金、元善本,还有傅氏的手校本,均捐入北京图书馆。1948年南京国民政府中央研究院选首届院士,傅增湘为人文组提名人选。全国解放临近,胡适两度拜访傅家,转致当局之意,愿以专机送其全家及全部藏书赴台湾,并保证其生活无虞,但傅增湘不为所动。1949秋,陈毅致函周恩来要求照顾傅增湘,当有关人员持陈毅原信及周总理批示探视傅增湘时,可惜未及相见。1949年10月20日傅增湘先生病逝于北京。

林语堂和《论语》半月刊

　　1932年盛夏,在著名诗人邵洵美家的客厅里,十余个志趣投合的文人谈天说地,又讲起要办一本刊物。关于刊物的内容,谈得并不多。大家为刊物的名字而发愁,接连商量了好几个夜晚,提出许多刊名,却都被林语堂否决了,而他自己又提不出让大家满意的好刊名。在座的时代书店经理章克标颇着急,灵机一动,脱口而出:"就用'论语'的刊名!"这个提议博得满堂喝彩。大伙随即又公推有社会名望的林语堂为刊物主编。

　　有文学史家认为,林语堂所办的《论语》半月刊基本可称是《语丝》的延续和发展,不过是多了一块"幽默"的招牌。此言不无道理。《论语》创刊后的撰稿人大多是原来语丝派的骨干,如孙福熙、孙伏园、俞平伯、刘半农、章川岛等人。在《论语》创刊的"缘起"和"编辑后记"两文中,林语堂解释了命名"论语"的由来,坦然自承是假冒孔家店招牌。他又制定了《论语社同人戒条》共十条,其中有"不拿别人的钱,不说他人的话","不附庸权贵","反对肉麻主义"等,可说是继承了语丝遗风中的"自由思想,独立判断"的宗旨。但是,"不破口骂人"的戒条,却又反映了他"费厄泼赖"的主张。

　　《论语》创刊之初,宋庆龄、鲁迅、郭沫若、茅盾等著名左翼人士都为之撰稿。同时,投稿的也有蔡元培、胡适、周作人、吴宓、朱光潜等自由派人士，可说是中国文坛精英的大荟萃，包容了不同政治倾向的著名作家。那时，人们戏称《论语》的撰稿人为"三老"，即老舍、老向和老谈(何容)；"三堂"，即知堂(周作人)，鼎堂(郭沫若)和语堂。《论语》畅销一时，发行量为三四万份，特别受青年学生欢迎，在当时各种杂志中可谓是名列前茅。

不过，在当时的政治形势下，论语派标榜绝对的中间立场是不可能的。《论语》杂志曾经刊出不少揭露社会黑暗的文章，使右翼文化界颇为恼怒，例如在"半月要闻"中，报道了复旦大学的一位学生因手上生冻疮露出红色，竟被密探当做共产党人抓入巡捕房，还尖锐指责国民党当局对伪满洲国的暧昧态度等，这些文章用笑声讽刺千奇百怪的病态社会。但另一方面，左翼作家也很反感《论语》中一些为玩笑而玩笑的作品，开始批判林语堂的趣味主义和自由主义，并指斥其为"麻醉文学"。他们为对抗林语堂的《论语》杂志，由陈望道主编了《太白》杂志，专门发表杂文类作品。左联的文艺理论家胡风还写了《林语堂论》，认为林语堂是提倡资产阶级文学，并对他进行全面批判。而鲁迅与林语堂有多年交情，在《论语》创刊后曾经为该刊写过12篇文章，但他始终对"幽默文学"持保留看法，认为"现在又实在是难以幽默的时刻"，"榆关失守，热河吃紧"，因此，在国难当头之际，"我不爱'幽默'"。鲁迅以后与林语堂越来越疏离，主要是林语堂未参加杨铨的入殓仪式(其实林语堂后来还是参加了杨铨的出殡下葬仪式)，往后鲁迅与林语堂见面时，就常常让他碰钉子，给他泼冷水，以至彼此断绝了来往。

《论语》是时代书店办的一个刊物，林语堂后来却在经济问题上与时代书店老板邵洵美及总经理章克标发生了矛盾，于是辞去《论语》主编的职务，又到良友图书公司以承包的方式创办了《人间世》。《人间世》与《论语》及后来又创办的《宇宙风》的办刊方针都是一样的，即标榜"以自我为中心，以闲适为格调"，提倡"性灵文学"，号称是"自我表现的学派"，其艺术风格追踪晚明小品，如公安三袁、竟陵钟潭、张岱、徐渭诸家。而《人间世》和《宇宙风》也很畅销，后者发行量高达45000份。林语堂确已在散文园地别树一帜，其文学流派在现代散文史上有着重要影响。

1935年，中共中央提出抗日统一战线的方针，"左联"伸出团结之手，并得到了林语堂等人的呼应。"文学社"、"太白社"与"论语社"共同签署了《我们对文化运动的意见》，反对读经救国运动。

唯美主义诗人邵洵美

　　文洁若先生托人带给我一本书《我的爸爸邵洵美》，说这是邵洵美女儿邵绡红写的，并由她题名赠书给我。接到书后，我仔细读过一遍。最近又重读一遍，甚为感动。正如序言中陈子善先生所称："在20世纪中国文学史上，邵洵美的名字绝不是可有可无的。他是一位具有独特风格的诗人、作家、评论家、翻译家、编辑家和出版家，也是一位对30年代中外文学交流作出了可贵努力的文学活动家。"

　　邵洵美是晚清的达官显宦之后，他的祖父是湖南巡抚邵友濂，外祖父则是邮政部大臣盛宣怀，但他并不像人们所传的是个纨绔子弟。邵洵美幼读家塾，很小就受到传统文化熏陶，17岁渡海赴英伦留学，先在剑桥大学读预科，以后又考入剑桥大学伊曼纽学院的经济系。在欧洲那些年，他结识了徐悲鸿、蒋碧微、张道藩等一批好友。最使他兴奋的是，他在巴黎与徐志摩相识，从此成了莫逆之交。据说，徐志摩与邵洵美一见，就亲热地捉住他双手说："弟弟，我找得你好苦！"回到剑桥，邵洵美的心思已不能被课堂功课所羁勒，他的诗情喷涌出来，沉醉于形象的思维、艳丽的词汇、新奇的字句、铿锵的音节中，创作了大量的新诗。同时，也翻译了不少英国文坛盛行的唯美派诗歌。他最早发表的诗歌，刊于上海的《妇女杂志》第11卷第5期。以后，他回国后所写的诗文多刊于《狮吼》

半月刊、《金屋》月刊和《一般》杂志。1927年，邵洵美的第一本诗集《天堂与五月》出版。次年，又出版第二本诗集《花一般的罪恶》，同时还有译诗集《一朵朵玫瑰》及诗歌论文集《火与肉》出版。

1931年，徐志摩办起了《诗刊》，由新月书店出版，陈梦家、孙大雨、邵洵美等一批诗人帮助他征求稿件。邵洵美也在《诗刊》陆续发表了许多新作，有《洵美的梦》、《女人》、《季候》、《人曲》和《小诗一首》等。他的诗歌水平也有了提高，开始在"肌理"上用功夫，注重表现诗的意象，以后这些诗歌都收入了他的第三本诗集《诗二十五首》中。就在这年，徐志摩不幸乘飞机失事罹难，邵洵美悲恸欲绝，以后再难有心绪写诗。但他一直未放松对新诗的理论和发展方面的学术研究。晚年，他从事外国文学翻译工作，又翻译了英国诗人雪莱的《解放了的普罗米修斯》与《麦布女王》，还有拜伦的《青铜时代》及泰戈尔的《家庭与世界》。此外，1933年英国戏剧家萧伯纳访问上海，与中国文化界进行交流，这成为当时的一桩盛事。萧伯纳曾经与宋庆龄、蔡元培、鲁迅、杨杏佛、林语堂等人聚宴，而具体操办人即是上海笔会秘书邵洵美。他以后在坐牢期间，与贾植芳先生专门谈起此事。

邵洵美写过大量文章见诸报刊，他写政论文、幽默小品、随笔、散文，也写长篇小说，如刊于《时代》未完成的连载小说《贵族区》，连载于《辛报》的《儒林新史》等。1934年，幽默杂志《论语》的原主编林语堂和陶亢德相继离去，邵洵美自第82期起只好接手主编，写了许多隐隐透出含泪苦笑的文章，用春秋笔法抨击当局抗日不力，压制民主等不得人心的政策。西安事变后，邵洵美为了声援国共合作抗日，专写了两万字的小册子，免费赠送《论语》读者。以后，在抗战的"孤岛"租界时期，他又与美国作家项美丽共同编辑抗日宣传刊物《自由谭》，他们还秘密印刷毛泽东著的《论持久战》的英文版单行本，一部分交地下党发行，一部分由他们自己投入租界洋人的寓所信箱中。

抗战胜利后，邵洵美一度赴美游历，回到上海后参与英文报刊《自由论坛报》的编务，又任《见闻》时事周报总编。以后，《论语》半月刊也复刊，他的印刷厂也复业。邵洵美又向银行贷款，再办"上海时代书局"。但战后的形势让他失望，由于其中文章直言不讳批评当局，《论语》几乎遭封。虽然他经济拮据，仍然维持着这本刊物。《论语》自1932年创办，抗战八年中停刊，抗战胜利后又复刊，中间从不脱期，可称是当时出版界难得一见的。

新中国成立之后，邵洵美仍然希望从事出版事业，上海时代书局也曾经出版过一些苏联翻译小说，但终因资金不足及各种原因，维持不久即告结业。邵洵美晚年一直在家中从事翻译著述，却在20世纪50年代末经受四年牢狱之灾，以后他痼疾缠身，仍然顽强译述，最终在"文化大革命"中受迫害而死于家中。

最后，我还要说的是，我家与邵家也有间接渊源。邵洵美的女婿方平是先父施咸荣的好友至交。方平先生是研究莎士比亚的专家，而先父曾经是他的责任编辑。至于先父是否曾经与邵洵美本人有过联系及接触，那我就不知道了。

第三辑　知味知音

古典小说中的酒

　　"文革"动乱时，我才上小学三年级。学校停课了，在家闲待的一年里，我读了许多古今中外的小说。读古典小说，《水浒传》是头一本。记得，我那时能背诵出"三十六天罡星"与"七十二地煞星"的名字，对梁山好汉们钦佩不已。可我心里有一个小小的疑团，好汉们大胆豪饮，都在十碗开外，他们的酒量真有那么大吗？行者武松过景阳冈，在酒店里狂喝十五碗，并未烂醉如泥，还凭借着酒力打死一只老虎。此外，杨志押解生辰纲赴京，途中众军汉口渴，见白胜担两桶白酒来，便拦住他买酒解渴，结果统统被蒙汗药搞倒了。这也使我很诧异，怎么白酒竟能用来解渴？难道他们不怕酒精中毒吗！过了九年，我随古典文学的学者顾学颉学习古文时，才说出自己的疑虑。我以为古典小说的作家有时肆意夸张，常有不符合实际之处。顾老呵呵一笑说，你讲的这些疑问是很多读者都提出过的。你们不清楚，古代的斤两与尺寸与现在不同，比如古代的一斤为十六两，才有俗语的"半斤对八两"之说。而古代的白酒，也与现在的"白干"、"二锅头"等不一样，那是自酿的，以粮食加酒母酿造而成。你喝过糯米酒吧？古代的酒与糯米酒相似，所谓水酒，度数很低。我这才恍然大悟。因为，我父母都是南方人，逢年过节总要自酿一些糯米酒。而我的姨家最善酿此酒，它微甜且度数低，几乎可当饮料喝，当然后劲也很大。

我最近读了王力先生主编的《中国古代文化知识图典》，谈到古代的酒："古人很早就知道酿酒。殷人好酒是有名的,出土的觚爵等酒器之多,可以说明当时饮酒之盛。不过古代一般所谓酒都是以黍为糜(煮烂的黍),加上曲蘖(酒母)酿成的,不是烧酒。烧酒是后起的。"这一段文字后,另有当今编者的笺注："酒在不同地区、不同时代的区别非常大。读古书时看到某人饮了多少酒,应该加以分别。"举例而言,古印度的修炼人士有戒酒的传统,"但实际上,印度所戒之物是以'苏摩'药草酿成之浆,此物中国古来稀见,直到近世才有少许'印度神油'进口,中国僧侣出于本国国情,取传统之酒为其替代品而戒之虽无不可,却失去了此事在印度的本旨"。笺注中还考证出,"烧酒是元代由外国引进的,始见忽思慧《饮膳正要》"。

古典小说《金瓶梅》与《红楼梦》是描写明清古代社会生活最为广泛和细密的两部长篇小说,书中有大量的饮酒场面,对于菜馔都有精细的描写,唯独对于酒的名色、特点有关状况,却俱是寥寥几笔,这是令人诧异的。红学专家周汝昌先生也在一篇文章指出这一点,为何作为饮酒的大行家曹雪芹单单是论酒时,就如此吝惜笔墨呢?他认为,"其中当有缘故,不会是偶然现象"。他发现,整部《红楼梦》除了有两回提到贾琏从江南带来的惠泉酒外,就没有任何讲究酒的文字。而我也仅仅另外发现两处,一处是在第六十回,芳官给五儿一瓶玫瑰露,五儿引为稀罕,"还道是宝玉吃的西洋葡萄酒"。另一处是在第三十八回,林黛玉吃过螃蟹后想喝酒,但倒出来却是黄酒,她心口微微疼,要喝一口热热的烧酒。宝玉"便令将那合欢花浸的酒烫一壶来"。我读了一遍《金瓶梅》,感到作者也是对酒的名色品牌谈及很少,写西门庆吃饭时总会拉出令人炫目的长长菜谱,而喝的酒只提及"金华酒"和"药五香酒"。还有,主人公饮酒时似乎是喝黄酒时多,喝烧酒时少。而葡萄酒也是较为珍贵,书中只有两三处提及喝葡萄酒。由此,我发出一种猜测,可能是直至清朝中叶,人们仍然是喝黄酒、米酒为多,少量地喝一些烧酒,而西洋酒则是被视为罕物的。

周作人有一篇散文《古代的酒》,也认为烧酒是元代从外族传来的。

这以前中国人喝的只是米酒,还有唐朝人喝的药酒,即是黄酒。这些酒都是新酒,而不是老酒,自晋至唐以来情形都是相同的。"唐时已有葡萄美酒,却不见通行,一则或因珍贵难得,一则古人大概酒量不大,只喜欢喝点淡薄的新做米酒罢了。"因此,"现在朋友们中能喝得白酒半斤以上的比比皆是,可知酒量是今人好得多了"。

"王家菜"逸闻

上海辞书出版社1991年版的《文化生活小百科·美食》一书,谈到了名噪一时的家庭风味菜"谭家菜"时称:"民国初年,北京出名的家庭菜肴有四大家,即军界的'段家菜',金融界的'任家菜',财政界的'王家菜'和谭瑑青的'谭家菜'。"我不能确切地说,"段家菜"是否就是"段府菜",即出自民国初期的北洋军阀大官僚段祺瑞家。我也不知道金融界的"任家菜",所指何人。不过,我可以肯定,所谓财政界的"王家菜"则是出自北洋政府的财政部长王克敏家。王克敏在日伪时期还担任过伪华北政务委员会的委员长,是华北的头号大汉奸。

高阳先生在描写北洋军阀史的长篇小说《金色昙花》和《八大胡同》中,均刻画过这位在中国现代史上臭名昭著的政治人物。王克敏号叔鲁,举人出身。他的父亲王存善是清朝官僚,亦是广东官场的红人。王克敏也当过留日监督、直隶交涉使,是一个亲日派,由此青云直上。他担任过中国银行、中法实业银行总裁,北洋政府的数任财政总长,人称"王财神"。当时小报常登这样的消息:"昨日'王财神'一夜赌输十万大洋。"他狂嫖滥赌,花钱如流水,过着荒淫腐化的生活。他的宠姜小阿凤即八大胡同双凤堂的当红妓女,亦是他花重金购得的。

先父施咸荣于1949年考入清华大学,后由于1952年院校调整,转入北京大学学习。在北大期间,认识了也在北大读书的王克敏之子,由其介绍又认识了他的姐夫倪先生。倪先生是王府井大街中法药房的老板,也是先父唯一结交的工商界人士。他的一生颇具传奇性,原是个穷大学生,却赤手空拳打出天下,成了名闻工商界的大老板。倪先生元配病逝,他又续娶王克敏的女儿为妻子。此时,王克敏已被国民党政府逮捕,经法庭审判后枪决。王克敏的家产也被没收,家人风流云散,原来家中重金雇请的厨师遂跟随王的女儿又入倪家。20世纪50年代初,父亲与母亲结婚后租住倪家大院中的房间,也认识了那位厨师,听他讲过关于"王家菜"的一些旧闻逸事。据说,王克敏虽然籍贯是杭州人,其父多年在广东做官,所以嗜好粤菜。不过,他的宠妾小阿凤是苏州人,尤其擅长烹制苏菜,时常指导厨师调味与选料,甚至亲自下厨。所谓"王家菜"的特色实是粤菜与苏菜的某种混合。王克敏喜食肥鸭,用的是粤菜的做法,将几种原料配在一起,加进调料,微火慢炖,使原料、调料和各色调味品融汇渗透,使之色鲜味浓。"王家菜"的烹饪最重火候,传说每一次招进厨师,必要厨师炖鸭子,然后要厨师能将炖好的鸭子的一张完整的鸭皮揭下,方算面试成功。又传,王克敏注重养生,担任日伪时期的高官总是深居简出,尽量避免参加各种宴会。有时,赴中午的筵席犹能伸一伸筷子,而必出席的晚宴则连筷子也不拿起。他的晚饭只在家里吃,主食便是喝粥,精心调制的有鱼粥、鸡粥、鸭粥等。"王家菜"中的粥是一大特色,尤以鸭粥最为鲜美精致。鸭粥里一定要有鸭皮,却要烹炖得眼睛也看不出来,完全融化于粥中。

我的母亲素好烹饪,她向那位厨师学到一些调制菜肴的技艺。她说,家庭菜的烹调之法无非选菜原料必精细,火候要足,下调料亦应讲究。20世纪80年代中期,钱钟书先生过生日,我家请他们夫妇吃饭,亦是祝寿。那一回寿筵,母亲刻意烹制了一桌菜,她足足花一星期时间选料与烧菜。其中"八宝鸭子"与"冰糖肘子"最使钱先生满意,连称多年未品尝此佳肴了。如今,数十年倏忽而过,先父与钱钟书先生也先后病逝,母亲重病在床,真有不胜欷歔惆怅之感。再说王克敏的那位家厨,后来也在"三反"、"五反"运动中与倪家闹翻,另谋生路去了。此人最后不知所终,"王家菜"的那一点儿流音余韵也就消失殆尽了。

油条与豆腐脑

　　小时候,我家的早餐很少吃豆浆、油饼和油条。先父认为,那只是一些淀粉和脂肪,并没有充足的营养成分。我们的早点是西化的牛奶面包。直至"文革"期间,我们全家迁到干校,我与母亲随部分家属住在武昌县一个小镇上。那时,干校的大锅菜每天是熬洋白菜,吃得我们满腹清水。我就时常捏着一毛钱,溜到镇上小饭铺煎油条的大锅前,买上一根油条解馋。少年时期这个生活片段,长久留在我记忆中。既是温馨的,也有些可怜巴巴的。

　　1996年春天,我去法国的凡尔赛小城探望在那里留学的妻子,住了三个月。妻子对我说,她最怕闻奶油味儿。我喜滋滋地说,自己从小受过西化训练,嗜吃奶油、黄油。可是,这种牛皮没两个星期就被戳破了。以后,我几乎是一闻到楼下食堂里的奶腥味儿就想吐,只好日日与妻子躲在屋里吃方便面。有一回,一位朋友请我俩去巴黎的中国餐馆吃饭,路上她问我最想吃什么。我竟脱口而出,想吃油条。她们笑了,说是那儿的油条很贵,几乎与一盘菜同价。回国后,我写过一篇散文发表在《北京晚报》上,题目是《我的中国胃》。此时我才发现,我们的"国粹",其实是保存在自己的每一根神经,每一片血肉里。"中国胃"也就决定了"中国心"。

豆腐也是地道的"国粹",传说是西汉淮南王刘安所发明。我书架上有本小书,是汪曾祺先生编的《知味集》,汇集了许多作家谈吃的文章,里面写豆腐的最多。汪先生在"后记"中满腹牢骚地说,文人都是"寒士",也就只能谈谈豆腐。读过以后,让人不禁哑然失笑。其实,豆腐脑无非是豆腐的稀释而已。古人云,豆腐是无味而至味。这大概是中国人对美食味觉的辩证认识吧。看着浇在雪白豆腐脑上的黑糊糊的卤汁,我对"吃的哲学"也有所领悟,这样的搭配也就是至味与无味的某种平衡。知味也如此,至味过头即至无味,而无味的味觉方可达至味。所以,真正爱吃豆腐,会吃豆腐,也能品尝出豆腐无比美妙滋味的,必是"知味"之人,既知"美味",亦知"世味"。瞿秋白的《多余的话》,最后一句是:"中国的豆腐最好吃,世界第一!"其中的蕴藉甚为丰富,是饱尝"世味"之人才能说出的。

从法国回来的第二年,我开始写作长篇小说《黑色念珠》,为了适应艰苦的写作生活,保养好身体,我调整了创作的时间表,不再夜里写作,而是每日清晨起床,跑完步后在街头吃一顿早餐,即回到书房写作。那一段时日,恰好我家大楼对面,有一个安徽人摆了早点摊子,卖油条与豆腐脑。他所炸的油条一根根都很酥脆,吃起来口感极好。还有他对豆腐脑也作了适当改良,将黑糊糊的卤汁改为"海鲜卤",其实不过是鲜酱油、醋、榨菜末、虾米和香菜末而已。可是,这样的豆腐脑就比黑糊糊的芡粉卤汁和蒜泥要好多了,尤其适合南方人的口味。那时,吃早餐对我来说,亦是一份小小的享受,一勺一勺舀着鲜美的豆腐脑,咬着金黄松脆的油条,就像一个酒徒在浅酌慢饮。我也会想起先父的观点,这份早餐的营养成分到底是怎样呢?但贪图美味的享受之心,仍然战胜了科学观念。即使我的先父亦是如此,他晚年时也更加嗜好这类大众食物,时常叫小保姆去街上买一份煎饼果子来代替午饭,也不怎么喜欢吃西餐了。

可惜,那位安徽人只摆了一年的早点摊,就被工商人员赶走了。自从电视中新闻揭露了一些炸油条的人原是用的"地沟油",北京市民对油饼、油条忽生警惕之心,那些早点摊子也日渐减少。吃早点,只好到饭馆里,吃着由厨师正规制作的各色早餐。这是好事,说明随着人们生活的提高,早餐观念也由"游击队"而成为"正规军"了。但遗憾的是,油条、油饼、豆浆、豆腐脑却越来越少了。有时候,我为了想吃豆腐脑与油条,连续转了几家早点店,都没有。

北京的饭馆

　　"走,去下个小馆儿!"这是老北京人的口头语,里面有极浓的人情味儿。小馆儿指街头的小餐馆,不大的门面,十几张桌椅,叫上两位朋友,点几个可口的菜肴,便餐小酌,倾谈尽兴,亦是人生一乐事。这比起去参加酒楼饭店的筵席,尽享山珍海味,飞觞醉月,似乎更有另一番雅趣。我不喜欢参加喧闹的宴会,与那些素未谋面的高官巨贾、艳姝名士勉强应酬,实是一桩苦事,唯有枯坐无言而已。

　　北京的餐饮业如今最是兴旺,从高档酒楼至家常菜小店,将近有万余家。老北京菜肴的正宗,向来是"鲁菜"独霸一方,例如,"八大楼"、"八大居"、全聚德与便宜坊,以及那些大饭庄,也大都是山东人掌勺。不过,到民国初年,淮扬菜、闽菜、浙菜开始大举进军北京了。西长安街上有"长安十二春"之称呼,它们的字号中都有一个"春"字,有同春园、淮扬春、庆林春等,品尝南方菜一时在北京蔚为风气。以后,连年战争,经济破败,百业凋敝,再加上国民政府迁都南京,老北京的餐饮业也处在半死不活状态。新中国成立后,政府一直提倡节俭的风气。那时候,北京的餐馆也不很多,到一些著名餐馆吃饭,时常要"等座儿"。一桌人吃饭,后面却围一群人焦急观看,真够"大杀风景"的。到了改革开放的新时期,京城的餐饮业才迅猛发展了。别具风格的地方菜又都独树一帜,各领风骚了。从生猛海鲜的粤菜，到麻辣烫的川菜，以及湘菜、闽菜、杭帮菜，甚至原来在"八大菜系"名不见经传的"东北菜"，也在京城颇为火暴一阵。

我的父母是江浙籍贯人，20世纪50年代才在北京定居。他们不习惯于北京饭馆的口味，母亲时常说："北京馆子里面做的菜，像是打翻了盐篓！黑糊糊的，做什么都放酱油。"适合他们口味的餐馆，无非是江苏餐厅、同春园饭庄、康乐餐厅等几家南方风味的餐厅。或者是仿膳饭庄、全聚德烤鸭店，北京菜里唯一能使他们欣赏的，大概就是烤鸭了。所以，要说是吃馆子，儿时的记忆大都是去吃西餐，也只有三处，欧美同学会餐厅、莫斯科餐厅和新侨饭店。母亲精于馔治，过去常在家中宴客，她的菜饶有名气，翻译家朱海观先生曾开玩笑地戏称为"杜家菜"，文艺界名人钱钟书、杨绛、冯亦代、董乐山、梅绍武等人都在我家吃过饭。后来，母亲年老且多病，家里请客才又改在餐馆了。这时，正是餐饮业遍地开花之时，父母二人品味了附近几个餐馆的菜肴，诧异地称："北京馆子的口味变了！"变甜了，变辣了，变出原来"鲁菜"没有的滋味儿了。可说是五味杂陈吧，酸甜苦辣咸，应有尽有。但是，京城里的人们——也包括老北京人，也安之若素地接受了这种"杂"的口味，不再偏重于某一菜系了。这可能正应验了古人的那句名言："口之于味，有同嗜焉。"

听老人们说，过去老北京饭馆的跑堂也颇不简单，所有的菜单都记在脑子里，向厨房报菜的声调亦是清亮有致，抑扬顿挫。有时，一个跑堂的胳膊上叠着十多盘菜，却行走自如，绝不会洒下一滴。如此马戏团般的绝技，现在是再不会见到了。还记得，在20世纪60年代前期，三年困难刚过去那一年，父母带我看望北京大学的教授张谷若先生。张老住在西单附近的一条胡同里，他与父母相谈甚洽，又拿出珍藏的字画来共同欣赏。以后，带我们去附近的一家饭馆吃饭。那家饭馆的服务员是位老人，他拉着张老的手聊几句，又将张老点的菜一一记下，忽然，他来了兴致，扬声吆喝道："哎——糟熘鱼片一盘哟——"我在旁边听了，忍不住扑哧一声笑出来，其他的顾客也都哄笑了。服务员也笑了，就没有再吆喝下去。张老慨叹道："这一声吆喝，有十来年没听到啦。"我却感觉到新奇无比。这大概是我有生以来第一次也是最后一次听人"报菜名"了吧？那悠长的吆喝声，深深留在我的记忆里。

北京的传统糕点

从元代始,北京的糕点都称"饽饽"。清军入关,旗人喜吃的糕点流行,又称为满洲饽饽。据老舍夫人胡洁青先生说,那时不能把糕点叫点心,而呼名为饽饽,是有讲究的。中国封建社会的剐刑,也就是凌迟处死的酷刑最惨无人道。有的犯人亲属就重金贿赂刽子手,要他先一刀结果犯人性命,免得受零碎刀割之苦。扎向心脏的那一刀,谓之"点心"。所以,当时人们普遍忌讳"点心"两字。民国初,废除此酷刑后,饽饽的民俗称呼才唤做了点心。

北京城历史最悠久的糕点铺是正明斋,铺面原在前门外的煤市街,据说始建于明代中叶。它是北京糕点铺的"四大斋"(正明斋、九龙斋、聚庆斋、明华斋)之首,至清咸丰年间,其所制糕点为宫廷贡品。正明斋的糕点品种繁多,做工精致,原料所用的芝麻都须去皮才能用。它的精品糕点有数十种之多,比如奶皮饼、干菜月饼、黄酥月饼、杏仁干粮、桃酥、蜂蜜蛋糕等。而且,还时常推出新款糕点,不仅受汉人推崇,也颇受满族人欢迎。正明斋所制糕点最出名的是萨其马,"萨其马"乃满语,也是一种满洲饽饽。据《燕中岁时记》所载,其制作过程是"以冰糖、奶油和白面为之,用不灰木烘炉烤熟,遂成方块,甜腻可食"。其次,正明斋所做的玫瑰饼也是盛誉京城,清初时就把它列入宫廷细点了。此饼以玫瑰花瓣做糖馅,清纯雅致,香甜可口。20世纪30年代张学良将军居京时,就嗜吃玫瑰饼,常派副官到正明斋来定做。

旧京的糕点铺往往打着"满汉饽饽"的旗号。其实,真正的满洲风味糕点并不很多,充其量也就是萨其马等几种。满人入关后,深受中原文化影响,其饮食习惯也逐渐与汉族融合。那些饽饽铺故而多是汉族食品,少有真正满人风味食品。不过,清真糕点铺在北京城则是独具风味的。另一家历史较悠久的清真糕点铺是大顺斋,在明末崇祯十年创建。大顺斋开业的东家叫刘刚,是南京人,乳名叫大顺,故而店铺名称为"清真大顺斋南果铺",制售的清真糕点有南方风味,精心选料,不断创新,先是以糖火烧最为出名,以后又制作出百果墩、姜丝排叉、糖耳朵、蜜麻花、咸酥薄脆等各种花色的清真糕点。大顺斋铺面在京郊的通县镇,地处大运河北端,颇得漕运之利,它的名声也就很快传遍了大江南北。一位老字号糕点铺旧人回忆说,北京过去各民族风味糕点,首先在用油上就有严格区分;清真糕点多用香油,汉族糕点喜用猪油,而满洲饽饽较多用奶油,顾客们细细品尝其滋味当然是各有特色。

糕点业以前在京城的商市中占有一定地位,20世纪20年代糕点铺就有175家。到了日伪占领时期,因为实行配给制,很多糕点铺得不到面粉、糖、油、蛋的供应,只好关张。抗战胜利后,内战又起,国民经济一片凋敝,糕点铺更是纷纷倒闭。新中国成立以后,老字号糕点铺已经剩不了几家了。先父在20世纪50年代在人民文学出版社担任编辑,白天上班,晚上业余时间翻译写作,时常要开夜车,所以嗜喝咖啡,消夜时也经常吃一些糕点。他常专门到"毓盛斋"买萨其马、八珍糕、玫瑰饼和桃酥等放在大饼干盒里。这个饼干盒就成了我童年时觊觎的对象,时不时从里面偷出一块点心吃。父亲也就抱着慈爱宽容的态度任我偷吃。

记得周作人曾写过一篇文章,慨叹北京已经没有好吃的糕点,这是一篇名文。回头再看如今北京的那些老式糕点,似乎也在走着下坡路。它们历史上先受到南式糕点的冲击,现在又受到西式糕点的排挤。我妻子和女儿都是喜欢吃一些西式小点心。有一回,我买了萨其马回来,妻子就告诉我,那里面糖太多油太多,不利于身体健康。还有一次,我在一个糕点铺见到了久违的"自来红"、"自来白",兴冲冲买回来大快朵颐,可嘎嘣嘎嘣嚼到点心馅里的冰糖块,内心又隐约有着顾忌了。毕竟年代不同了。传统糕点的营养成分及味道花色都有些不合时宜,也需要作一些改革创新才能生存和发展了。

北京的仿膳小吃

　　最后一次去仿膳饭庄吃饭，在十多年前。我们陪一位美国朋友去，顺便告诉他"仿膳"以前是皇帝吃饭的地方。那位年轻美国佬惊喜得跳起来，用夹生的普通话问，噢——皇帝吃饭的地方？有没有金盘和金碗？逗得我们捧腹大笑。记得，我们那一回请他吃的是一些仿膳的特色小吃，如豌豆黄、芸豆卷、小窝头、千层糕、佛手卷等，这些宫廷小吃精致玲珑，小巧美观，味香适口，真是色、香、味、形俱佳。那个美国人手中把玩着那些精细的小点心，不忍下嘴，连连称赞，这是艺术品！这使我又联想起某刊物载文称，1956年周总理举行国庆招待会的宴席上，就专门让上了一道由宫廷御厨所制的仿膳甜点小窝头，使参加招待会的国内外宾客赞叹不已。仿膳小窝头大概就是在那时蜚名中外的。

　　仿膳饭庄坐落在北海公园内，在琼华岛北面沿湖的漪澜堂道宁斋中。它前临北海的涟漪清波，后倚高耸的玉洁白塔。漪澜堂与道宁斋始建于清乾隆十六年，原是清帝与后妃游览此园时用膳的地方，晚清时慈禧太后常喜爱到此地散心及用餐。这里倚山面水，风景绝佳，有三个庭院，十数个大小餐厅，据说可接待二百多人就餐。1925年，当时民国的北京市政府决定将北海公园向老百姓开放，公园内游人如潮，游船如织，成为北京市民颇为喜爱的娱乐休憩之地。原清宫御膳房厨师赵仁斋带着儿子赵炳南等人,抓住了这个机会,便在北海公园北岸开设了仿膳饭庄,取意仿照清宫"御膳房"的烹调方法,保持传统宫廷风味,此饭馆的名声一下子传开了。但以后由于时局不靖,百业凋敝,饮食业也一蹶不振,仿膳饭庄曾经一度歇业。1956年8月,国民经济逐渐恢复,仿膳饭庄也正式复业,原清宫御膳房的五位厨师孙绍然、王玉山、赵永寿、牛文质、温宝田又都被请回来,仿膳的宫廷风味菜点又走向生意兴隆时期,不少传统宫廷风味菜得以恢复,如熘鸡脯、罗汉大虾、怀胎鳜鱼、扒鹿肉等,还有的名菜又在原有基础上加以改进,仿膳由此而名声大噪。1959年又扩大经营,由北海北岸迁到了漪澜堂、道宁斋内。

古代皇帝的饮食被称为"御膳",吩咐吃饭则称为"传膳",进餐时则名为"进膳"。清宫的御膳房是一个庞大机构,分为荤局、素局和点心局等。为了适应清宫的帝王后妃的口味,清宫御膳多年来一直是自成体系,博采众长,形成独具一格的菜系。这个菜系很杂,既有鲁菜风味,又有苏杭风味,还有满族烧烤牛羊肉及奶制点心等特殊民族风味。至晚清时期,慈禧太后在八国联军进攻北京时仓皇逃往西安,沿途又尝到一些官绅奉献的西北风味食品,她把这些食品亦充入清宫御膳的食谱里。清宫御膳的菜肴选料讲究,做工细腻,形象逼真,尤其注重每道菜的造型和色彩,为了迎合帝王心理及宫廷的奢华排场,菜名时常取得富丽堂皇,如"龙凤呈祥"、"玉石青松"、"凤凰卧雪"等。如今,不少高级宾馆酒楼在举办宴席时也模仿这一套排场,谓之"造型菜"。

我幼年心目中最喜爱的餐馆就是仿膳。那时,父亲勤奋翻译书稿得到一笔稿费,为了在紧张的脑力劳动后松弛一下脑筋,就带家人游览北海公园,中午顺便即去仿膳用餐。我记忆中,一家人最喜欢吃那儿的肉末烧饼,精致小巧,别具风味。我父母原籍是江浙,并不喜欢吃面食,可他们也非常喜欢吃仿膳制作的点心。仿膳饭庄以前有一特色,当客人就餐时,服务员每上一道菜总要顺便介绍菜点的来历与掌故,态度和蔼可亲,语言幽默风趣,颇有宾至如归之感。一次,老服务员端来栗子面小窝头时说,这是慈禧太后最喜欢吃的。八国联军之乱,她与光绪帝乔装逃向西安时甚为狼狈,沿途饥渴难挨,有个农妇给她个窝头吃,慈禧太后便觉得很好吃。回京以后,慈禧太后又命御膳房厨师给她做窝头,厨师们便精心制作出这种栗子面小窝头,颇得慈禧太后夸奖,成为她斋戒时的一道吃食。我记得,父亲听服务员讲后,呵呵笑起来,说那些厨师的确很聪明,真要是顿顿给慈禧太后做窝头吃,可能也要被砍脑袋了。我那时听到这个故事感到十分有趣,也给以后印象中的那位阴森老太婆稍微加了一点人间暖色。不过,这毕竟只是民间传说。以后据学者们考证,查出现存的清宫御膳档案资料有记载,乾隆时代的宫中御膳点心已经有小窝头了。再翻一翻随慈禧太后和光绪帝出逃的几个大臣的日记和笔记,如《高楠日记》和《庚子大事记》等,也并无农妇献窝头之事。那么,栗子面小窝头的创意人就不该是慈禧太后的御厨了,而是清代乾隆年间的御膳房了。其实,中外的君主们享受了奢侈生活后,也总是愿意领略一下民间风味。比如,法国凡尔赛宫中的"爱德小屋"茅草房即是一例。

二荤铺与烂肉面

二荤铺是旧京市井文化的一景。夏枝巢先生的《旧京琐记》中称："曰二荤铺者,卒为平民果腹之地,其食品不离豚鸡,无烹鲜者,其中佼佼者,如煤市之百景楼,价廉而物美,但客座嘈杂耳。"这煤市街就在北京前门外,曾经是旧京城的喧闹地带,百景楼本只是小饭铺,却由于软炸腰花、炸肝肠、扒肘条做得美味地道,生意越做越红火,便从饭铺又升格为饭店,以后又更名龙海楼。

说到老北京的吃喝,关于大酒缸、茶馆和各色风味小吃,已有一些文章述及。唯有二荤铺,我是在周家望先生一书中才见到介绍,据称,对二荤铺的释义也是说法不一。有人说,"二荤"是猪肉、羊肉二味;也有人说,是指猪肉和猪内脏两类荤菜。而周家望先生则以为,二荤铺除了和别的饭馆一样自备荤菜原料外,还可以由顾客自己携带菜料交厨师去做,这在老北京人称之为"炒来菜"。"来菜"是一荤,"铺菜"又是一荤,这才是"二荤铺"名称的由来。"炒来菜"利薄又费事,在外省难以见到,可它却创造了充满人情味儿的独特饮食氛围,受到贫民阶层主顾欢迎。

二荤铺自有下层市民百姓的那股热乎劲儿。炒菜不多,也不备菜谱,菜名由伙计在顾客前随口报来。铺里从不做鸡鸭鱼蟹,而海鲜山珍则更不见影儿,厨师只在一宗肉上做功夫,熘肉片、炸肥肠、爆腰花、炸

138

肝尖、炸丸子、熘丸子等菜，物美价廉，脍炙人口。其实，二荤铺也卖素菜，像烧茄子、醋熘白菜、炒麻豆腐等，而且还卖白干烧酒。二荤铺的顾客多是贩夫走卒，下层市民，他们不愿意喝黄酒，觉得只有喝"烧刀子"才痛快。酒至半醉，猜拳行令，攘臂卷袖，大呼小叫，饭铺里的气氛就更火暴热闹了。下酒菜中有一道菜焦熘咯炸，如今菜谱几乎失传。据周家望先生说："'咯炸'一物是绿豆磨浆，在铛上摊成方块儿，用姜黄面提色，有6寸大小，可熬可炒可炸，味素而清口，是下酒的小菜。"此物北京与广东两地通常都是油炸后蘸作料吃。而二荤铺中花样翻新，将其挂糊先炸过后又勾芡浇汁，颇有小题大做之意，却做成了一道美味。

二荤铺也卖馒头、花卷和面条。常吃的面条就有炸酱面、打卤面、麻酱面、热汤面、肉丝面、榨菜面、鸡丝面和烂肉面诸种。齐如山先生说，二荤铺卖面条最多，盛卤汁都用大缸盆，每日捣烂蒜就得好几斤，抻面的伙计也是一锅顶一锅煮。其中，烂肉面价钱便宜，在贫苦市民中销路最好。老舍的话剧《茶馆》就有两处提及烂肉面，一处是黄胖子说合，请打架的双方去吃一碗烂肉面；另一处是常二爷发善心，救济穷苦的母女俩各吃一碗烂肉面。如今，烂肉面这个词，可说是在都市的食谱中彻底消失了。或许是人们生活改善了，不屑于多吃肉食了吧。不过，就是这一碗烂肉面，亦有种种说道讲究。伙计会问你，是要浑卤、懒卤，还是要清卤、扣卤？浑卤即按平时规矩放卤；懒卤则是不要卤汁，光要烂肉，也就是拆骨肉，另来一小碗炸酱；清卤，多是铺子闭门前，大缸盆中的卤汁已卖完，只好用酱油代替；扣卤，即顾客少要卤汁，怕吃多了胀肚。

近些年来，人们的口味又有回归传统的趋向。不少饭馆又打起了"北京炸酱面"的招牌，但仍然是以卖家常菜为主，厨师们很少对炸酱面、打卤面等大众饮食去做刻意研究。殊不知，这些食物看似简单，若做出独特风味，也是挺难的。北京阜成门外路北的"虾米居"，其炸酱面就另有别致风味，过水面很筋道，而炸酱除了肉丁炒黄酱，另有鸡蛋番茄炸酱，还有卤虾味炸酱，颇受顾客们欢迎。我家住在白云观旁，也新起了两个专卖北京风味吃食的饭馆，都卖炸酱面。我很喜欢在其中流连。有时，叫一盘爆肚，再来一扎啤酒，听着邻座食客们神侃，甚至参与他们的神侃，亦是市井一乐。这种生活，对启发我的创作灵感是颇有裨益的。

北京烤鸭在美国的一场风波

　　一位美籍华裔朋友告诉我，前些日子因为西方报刊媒体掀起一场对中国食品的质疑，也殃及海外华人餐厅的营业额。他感慨道，如今华人与西方人仿佛是交流频繁，可是在食品文化的心理层面上，彼此间仍然有很深的隔阂。这也是文化的隔阂。那位朋友讲，他虽然在美旅居二十余年，有许多位甚为相知的美国朋友，但那些朋友对中华文化的知识可说是一无所知。有些朋友时常拿某些报刊上耸人听闻的报道来问他，使他哭笑不得。他若有所思地说，其实中西方文化交流还是有很多阻碍的，最多的是文化心理深层因素的影响，我们并未认识到这一点。他的看法，我深以为然。

　　这使我联想起20世纪70年代时，北京烤鸭在美国加利福尼亚州竟引起一场法律修正案风波的往事。就在20世纪70年代初，基辛格博士秘密访问了北京，在国际政治舞台引起了震动，也在美国引发了"中国热"。各大城市的许多美国青年模仿中国人竞相骑起自行车，各个华人餐馆也火暴起来。新闻媒体报道，基辛格曾经多次到北京来磋商会谈，他每次来华都要吃一顿北京烤鸭，这成了他的特殊嗜好。此佳闻传开，美国的达官贵人争先恐后品尝北京烤鸭，各华人餐馆顺应这股热潮，也纷纷供应北京烤鸭这道时髦菜。孰料，这一中华名馔在美国加利福尼亚

140

州刚一出现,却遭遇尴尬处境。那些华人餐馆出售烤鸭时,食品检察官却闯来了。他们不由分说,将各华人餐馆制作的烤鸭统统扔进了垃圾箱,还对卖烤鸭的餐馆课以罚款,理由是这些餐馆违反了美国加利福尼亚州的法律。原来,加州法律有一条,规定各种食品经过加工,必须以冷藏或热藏的方式保存,以此防止细菌沾染。可是,华人餐馆出售的北京烤鸭,则应按照传统烹制方式对烤鸭加工,即鸭子在炉内烤好以后,得拿出去凉上二十分钟,只有如此处理,表面的烤鸭皮才会变得松脆。可恰恰是这一处理方式,违反了加州的食品管理法的有关规定。食品检察官照此规定执法,华人餐馆在加州就再也不得出售烤鸭了,餐馆的经营者遭受了一大笔经济损失固然叫苦连天,顾客享受不到美食也纷纷抱怨。于是,洛杉矶华人酒楼协会谋求解决这一难题。他们在律师的建议下,认识到为了取得烤鸭在加州的合法经营权,就要用科学手段证明烤鸭的烹制加工方式是符合卫生要求的。他们便把一批刚出炉的烤鸭,未经过冷藏或热藏,送至加利福尼亚大学请专家作卫生鉴定,以确认出炉后的烤鸭在凉置过程中是否会沾染上细菌。专家经过化验后证实,烤鸭在炉内高温烤制后,表皮干燥酥脆,细菌不适宜生长繁殖,的确是非常符合食品卫生要求的洁净食品。最为有趣的是,化验程序完毕,那些专家竟禁受不住手中"化验品"的美食诱惑,并不忍心就此丢弃,把那一批烤鸭全吃光了,边吃还边赞美北京烤鸭实在是香酥味美。得到了专家的科学认定后,为此,加利福尼亚州议会议员阿特·托雷斯和参议员戴维·罗伯蒂便正式提出了食品管理法修正案,建议给北京烤鸭以特殊豁免权。北京烤鸭经过炉内烤制后,可以免受有关食品保存必须予以冷藏或热藏的限制。这桩修正案建议正式交由加利福尼亚州议会众议院讨论,最终以54票赞成,无一票反对的投票结果顺利通过,经加利福尼亚州的时任州长小布朗签署后正式实行。经过这么一场风波,北京烤鸭又名正言顺地出现在加州的各个华人餐馆里,这一美味佳肴得到了许多美国顾客的青睐,对它赞不绝口。

　　"口之于味,有同嗜焉。"可见这句中国古语是颇有道理的。世界各国民族的饮食风俗当然是有很大差异的,但人类对美食品尝的味觉,又是"有同嗜焉"。东方人也罢,西方人也罢,总统也罢,议员也罢,专家也罢,闻到烤鸭的扑鼻香味,却都以一尝此美味为快事,这是人之常情。不过,也不能忽略此中文化心理的深层因素的影响,这又是一个极复杂的问题。各民族人民对非传统烹制方式的饮食必然有其疑虑心理,其实也是普遍现象。比如,我曾经在法国住过三个月,那时自己的"中国胃"就体验了从改革开放到闭关锁国的过程,对以前嗜吃的法国菜就愈来愈抵制了。虽然,法国菜也是世界美味佳肴之一,但我们总觉得它们不对胃口,不再像初尝它们那样津津有味了,从"有同嗜"到"非同嗜",这并不完全是口味的原因,也有传统文化习俗的壁垒在那里阻挡。

罗斯福与鸡尾酒

鸡尾酒是外国人喝的餐前酒，多在下午2点至傍晚这段时间饮用。美国人就把下午5时称作"鸡尾酒时间"。它是酒吧、餐厅宴会的上乘饮料，又是社会活动和小型沙龙随意小酌的饮品。西方一些家庭在招待宾客时，常常根据来者的口味调制一杯鸡尾酒，既简单又有情趣。而鸡尾酒会也是国外常见的立食形式，少设或不设座位，出席的宾客们可以自由行动，自行择取食物及饮料，便于结交新朋友，轻松随意又不拘形式，这是西方人较喜欢的一种社交聚会方式。

关于鸡尾酒的起源，有几种传说。有人传说，美国独立战争期间，纽约一家小酒店来了一群军官要喝酒，可整瓶酒已经卖光，女招待灵机一动，将所有剩酒混在一处，又从大公鸡尾巴上拔下一根毛，把混合酒搅均匀，所有顾客都赞扬这种酒好，鸡尾酒无意得以发明。还有人传说，也是在纽约州，在一回斗鸡比赛中，招待们用参加斗鸡赛的鸡尾羽毛装饰酒吧，又在盛有各种混合酒的杯中插一根鸡尾，入席者点到哪根鸡尾，即可尝到那一种鸡尾酒的味道。再一种传说，是某国王的驸马专门会调混合酒，一次忙乱中却丢了调羹，只好顺手拔下帽饰上的鸡尾来搅拌，因调出酒的颜色如鸡尾般鲜艳斑斓，人们就把混合酒称为了鸡尾酒。

我知道"鸡尾酒"这个名称是在20世纪中期，阅读了美国小说《战争风云》之后。书中数次描写美国总统罗斯福嗜饮鸡尾酒,而且喜欢自个儿调制鸡尾酒,他还开玩笑地说:"我亲爱的,就是共和党人也承认,作为总统来讲,我是一个很好的酒吧间掌柜。"譬如,在招待书中主人公帕格一家及英国作家毛姆等人的白宫宴会上,罗斯福即亲自调制鸡尾酒请宾客们喝。《战争风云》的小说故事虽属艺术虚构,但是如作者"前言"所称,"那些大人物的言行要不是根据史实,便是根据可靠的记载"。据说,作者写作此书时曾经系统阅读第二次世界大战的大量历史资料及人物回忆录。最近,我还读到一本美国外交家查尔斯·波伦的回忆录《历史的见证》,作者曾经在德黑兰会议中任翻译,他的回忆亦印证了小说中的描写。在德黑兰会议前,罗斯福招待斯大林的晚宴上,罗斯福亦亲自调制了鸡尾酒,作为一种礼节来招待斯大林。波伦写道:"他把大量甜的和不甜的苦艾酒倒进放有冰块的酒壶里,再加入一点杜松子酒,然后很快地把这混合酒搅匀,把它倒出来。"斯大林接过酒杯喝了,罗斯福问他酒味如何。斯大林答道:"嗯,不错,可是它把胃搞得凉冰冰的。"其实,鸡尾酒本身就是一种冷饮,无论春夏秋冬都要加冰块以调节酒温。

鸡尾酒也是一种即时饮品,随饮随配,不能储存的。它不分男女老少都适宜饮用。也有儿童饮用的鸡尾酒,其实是不含酒精的,只用各种果汁加牛奶、鸡蛋等调配而成,取名也颇有童趣,如"小猫之脚"、"矮神"等。而成年男士饮用的鸡尾酒则酒精度数更高一些,较受欢迎的如"曼哈顿"、"亚历山大"、"马提尼"等,如今还有加入中国名酒调配的鸡尾酒,也很受西方人的欢迎。女士们饮用的鸡尾酒,除了讲究口味醇美,更为注重色彩的斑斓美丽,有的调酒师可根据各种酒的比重不同,在杯子里调制成多种色彩的鸡尾酒,比如"红粉佳人"、"血玛丽"和"彩虹"。

说到"彩虹",又使我想起罗斯福总统在德黑兰会议结束后的晚宴祝酒词,他将不同的政治色彩也比喻作"彩虹",认为那是根据不同国家人民不同的习惯、哲学和生活形式而融成的政治理想,这样的不同色彩是可以汇合成一个和谐整体的。可惜的是,他的这番著名讲演并未成为现实,以美国为首的西方阵营和以苏联为首的东方阵营很快在战后发生对峙,那就是历史上的"冷战时期"。如今,冷战终于结束了,但罗斯福的"彩虹"政治理想可否得以实现,恐怕还是不容乐观。

不过,鸡尾酒倒是成为全世界公认的美味饮料,其颜色是赤、橙、黄、绿、青、蓝、紫七色;其味道则是酸、甜、苦、辣、咸五味。据统计,各国各地的鸡尾酒品种已经达数千种之多。

咖啡趣谈

喝咖啡，也成了如今交际场合的一种应酬方式了。有时，与不太熟识的人见面，或与朋友谈事情，就时常到咖啡厅去喝一杯咖啡。服务员为你送上一份价目表，内里咖啡的名目一定很多，可你不必认真对待，因为国内大多数咖啡厅是绝不会给顾客现煮咖啡的，总是给你冲上一小袋速溶咖啡。现在，又有所谓"三合一"咖啡，将咖啡、牛奶、糖合而为一，饮用起来就更便捷了。

不过，先父生前甚为鄙夷速溶咖啡。他总是说，那是给不会喝咖啡的人喝的。速溶咖啡减弱了咖啡的香气，还有什么味道？他年轻时就嗜喝咖啡，晚上翻译写作，先要煮上一大壶咖啡，好在开夜车时提神醒脑。这把金灿灿的咖啡壶还留在家中，已有数十年未使用了。我记得，他那时煮咖啡很认真，抓一把碾碎的咖啡豆放入壶中过滤器里，就守在火炉边频频看表，有时还干脆把闹钟放一边。据说，煮咖啡的时间要计算精确。否则，时间短了香气未溢出，时间煮长则香气会跑掉。喝咖啡时，他也从来不放糖，而是将很浓的清咖啡倒进精致小杯里，轻啜一口前，先放在鼻子前嗅一嗅香气。这些派头，都是和一位工商界人士倪先生学来的。倪先生原是王府井中法药房的老板，他一生嗜喝咖啡。两个女儿当时在美国，定期给他寄一袋巴西出产的咖啡豆。记得，我小时候随父母去他家,他就兴冲冲亲自到厨房煮咖啡,当端上一杯又一杯香气扑鼻的咖啡时,他指一下茶几上的那盘方糖说:"你们要不要放糖?"又自得地说,"哈,我是不放糖的。真正会喝咖啡的,是不放糖的。"

　　1996年春天,我与妻子在法国住了三个月。巴黎街头处处都是小咖啡馆。塞纳河旁也放置一些轻便桌椅,一群一群人悠然自得坐在那里喝咖啡。我与妻子玩累了,也坐下来喝一杯咖啡。那大都是清咖啡不放糖的,啜着清香微苦的咖啡,望着涟漪阵阵的暗绿色河水,望着偶尔驶过的游船,再望着远处巴黎老区的幢幢旧式小楼,有一种纡徐纯净的愉悦感。我们在巴黎认识一位朋友让·克鲁先生,他五十多岁,有着旧式绅士风度。我们临回国前,他郑重地约我们喝咖啡。我说,在那些街头的小咖啡馆,随意地喝一杯咖啡,聊一会儿天,也就行了。他固执地摇头说:"我请你们喝咖啡,是正式的。"那就是要去一个高档咖啡馆,有优雅静谧的环境,有地道可口的咖啡。他带我们去了巴黎的一家高级咖啡馆,房间里只有很少几人,墙壁挂了油画,还飘荡着悠扬的音乐。我们坐了两个多小时,花了一百多法郎。自然,喝的那一杯咖啡是现煮的,未用一袋速溶咖啡来对付顾客。我戏称喝这样的咖啡是"喝派头",不完全在品尝咖啡,而较多地更着眼于情调、氛围与心境的享受。可是,它未必如那些街头小咖啡馆更为随意自由。也许,更根本的原因是我们囊中羞涩,其实是喝不起这种"派头"的。我们是寒士,钱包里没有大把的钞票可往外甩,心中无底气,这"派头"就会显得虚假。可我虽然并不喜欢这样的喝法儿,有时又不得不以此作为自己的应酬方式。我们实际都难逃世俗环境的制约,时常要去做自己不喜欢做的事情。

　　现在,喝咖啡也成了我的一种生活习惯了。当然,是每天早晨冲一袋速溶咖啡,再冲一些热牛奶,作为早餐饮料。我喝咖啡时,更喜欢巴西咖啡。以前,我以为号称"咖啡王国"的巴西就是咖啡的故乡。后来才得知,咖啡的真正故乡却是埃塞俄比亚,它是在1727年才传入巴西的。至今,埃塞俄比亚人仍然酷爱喝咖啡,而且喜欢在咖啡中放一点儿盐,以为这样的味道才独特。他们以此作为隆重的礼节来待客。

　　各国的许多人喜欢喝咖啡,而喝咖啡的习俗又有所不同。比如,英国人喜欢在咖啡中放入一些芥末,使之更富于刺激性。美国丹佛人却喜欢在咖啡中加入少许番茄沙司,我喝过这样的咖啡,实在是一种难以下咽的怪味道。爱尔兰人调制的咖啡, 则是在其中添加威士忌酒和掼奶油,味道可能也很独特。现在中国人嗜喝清咖啡的人很少,多数人是喜欢喝牛奶咖啡,这种习俗是从澳大利亚传来的。在那里,客人在受招待前会被问道:"你是喝黑咖啡,还是喝白咖啡?""黑咖啡"是清咖啡,而"白咖啡"则指加入热牛奶的咖啡。

野蔬食趣

正值清明时节，我与妻子游玉渊潭公园，瞅见路边的杂草丛中生有许多荠菜，已经开出白色花了。妻子说，她工作的亦庄医院处于郊野之中，那里也有很多荠菜，同事们时常利用午休时采撷一些，可佐为午餐。其实，古人是将采挖野菜作为初春一项纯粹的娱乐活动的，《秦中岁时记》所载，"二月二日，曲江拾菜士民极盛"。尤以南宋时代为甚，就像清明节踏青一样。

荠菜原本就是一种野蔬，它的营养价值比菠菜还高，且名称繁多，在全国各地广泛分布。虽然，南方一些地区把它移到菜地种植，自称已经将野荠菜家养化成功，可连菜农们也承认，家生荠菜的味道不如野蔬。我后来几次在饭馆品尝到家养荠菜，棵头整齐，碧绿肥硕，却远不如野荠菜鲜美。所以，至今荠菜这一蔬中佳品仍然只算是野生植物。中国数千年的文史记载中，揄扬荠菜的文字屡见不鲜。早在《诗经·邶风·谷风》就有"谁谓荼苦，其甘如荠"的诗句，晋人夏侯湛也曾经作过《荠赋》，而南宋诗人陆游的咏荠佳作就更多了。荠菜在儒者心目中确实有特殊地位，它不仅是穷苦百姓度春荒的恩物，亦是贫富皆宜的时鲜蔬品，他们的诗文还常将其拟喻为穷而有志向人物的象征。比如《茶余客话》记叙一桩逸事，某顾姓文人，选编了元代百家诗作刊刻出版，一时轰动文坛,求访者络绎不绝。他家贫却又好客,便以采拾荠菜待客,所以"江左有'荠菜孟尝君'之说"。这使得荠菜有了一层清雅色彩。

我才上初中,就跟父母去湖北五七干校。起初干校无房,我与母亲随部分家属滞留在武昌县乌龙泉镇。近半年光景,我们这些孩子无事可做,到处东游西逛。乡村儿童教我们在草丛中辨识野菜,日日可拾一些荠菜、马兰头等回家。那时,干校的大食堂每日午餐和晚餐都是清水煮萝卜,这些野菜就成了佐餐的开胃妙品。我们采摘了荠菜,拿回家洗一洗,再用开水烫一烫,拌一些酱油和醋,淋少许香油,其美味清香不可言喻。以后,又用荠菜包馄饨吃,还用荠菜花炒鸡蛋,成了我们在那段特殊时期的一段极美好回忆。我的孤寂少年时代,采摘野蔬也就成了一项重要娱乐。还记得,我们学会了分辨野荠菜的两大类,哪些是板叶荠菜,哪些是散叶荠菜,而哪些可能是隔年的老叶,哪些是新生的嫩叶;还爬上野草丛生的荒坡,走到河滩水塘边,游荡于狭窄的田埂上,可寻觅采摘到很多野蔬。野生荠菜采完,又去挑拣马兰头、紫云英,虽然棵头不整,老嫩间杂,长短不齐,时常把杂草也夹在其中,并有不少泥沙,但是,这都是我们的劳动成果。放到饭桌上,马兰头、紫云英不如荠菜鲜美,也另有一番野蔬的特别清香。我们狼吞虎咽,嚼着这些野菜比吃鱼肉还香。以后,我又回到城市,家人也偶尔从农民手里买到这些野蔬,再吃起来,舌底的味觉就不对了,远不及少年时了。有人说,可能那不是真正的野菜。我其实心中明白,"食趣"是要与"拾趣"相结合的,若无"拾趣","食趣"便降低了许多,也就难以尽得其趣了。由于这些野蔬不是自己采摘的,缺少了劳作后那一份欣喜和满足,口味也就因之大减。

中国是韭菜的原产地之一。早在《尚书》中,已经有夏代的农人在菜园种植韭菜的记载。到了汉代,人们已经掌握了温室育韭菜的技术。所以在中国,很难说韭菜也是野蔬了,而是家常四季的常蔬了。1996年初春,我与妻子在法国的凡尔赛城住了三个月。妻子服务学习的医院,恰好在凡尔赛宫旁。每日黄昏,我们夫妻去凡尔赛宫散步,妻子发现山坡上许多野韭菜和杂草混生在一起,叶子肥厚宽大,几乎比国内韭菜宽一倍。我俩为这个意外发现而兴奋。星期日,我们叫来了一群中国留学生,在那山坡上采摘了很多野韭菜,又到超市买了牛肉和面粉,聚在一处包了一顿饺子。记得,同楼的一位法国妇女奇怪地瞧我们切野韭菜,可能是诧异这些中国人怎么会揪来草叶子吃?法国人在欧洲向来是以美食闻名的,他们却未必知道韭菜亦是一道美味菜肴。

不过,应该承认,我们那回吃到的法国野韭菜的滋味,的确比起国内产的家常韭菜要馨香鲜嫩多了,野蔬的滋味必定是要胜于常蔬的。

吃零食

吃零食被青年人视为社会上的一种新价值主张，似乎与传统道德的规训相对立。在人类停滞在农业社会的发展阶段时，无疑一日三餐才是最合理的营养补给方式。零食却是一种浪费，一种奢侈，甚至是一种与贪、馋、懒有关的反道德体验。所以，他们时常要被长辈所批评，就是零食当不得饭吃。

其实，零食又何妨作为吃饭的补充？一个正常人每日除去8小时睡眠外，其余的16小时若是有零食填满空余的肠胃空间，对身体无害反而有益处。如一位老人就说，他在平时常常吃一些花生、核桃等硬果类零食，对他的长寿颇有裨益，毕竟只把就餐时间规范在每日仅有三次、每次35分钟的僵硬格局中是可笑的。况且，老人随着年龄趋高，胃的消化功能也逐渐减弱，每餐吃不了多少饭就饱了。吃得少、饿得快，当然想多吃一些零食作为补充了。

零食代表着一种潇洒，生活中的情趣。所以，它在日常生活中才获得了堂而皇之与正餐分庭抗礼的力量。既是偏离轨道，又是别样的调剂，零食的口味完全不必是甘美的，甚至可以是某种异味来诱发人的食欲，或是微苦，或是微酸，或是微辣，或是微甜，或是微咸，其味道更多的是偏离大众的口味追求，才可以品尝我们所处的平淡生活，从中领会出曲折的玩味经验来。总之,须产生某种略感不适的异味,使得人们久已经习惯的口味体验偏离日常轨道,方能诱发出独特的食欲。也正是这种不适感才丰富了我们的美食之旅。

据说,在东汉出土的仕女墓中已经发现了瓜子壳,这大概是历史上人们嗜吃零食的最早证据吧。周作人认为,落花生是明季自南洋入中国的,他以为葵瓜子大约是从海外传来的,或许与亚剌伯人有关。不过,我们经常将零食视为有闲阶级生活的一种方式,这倒是含有偏见的。我常见一些忙忙碌碌的人在处理公文或在电脑前操作不忘捞点儿零食吃,一块巧克力、一片饼干、一小撮爆米花,就能让人品尝一点儿异味而产生出隐秘的轻松感。

也曾经有人认为,零食原是游牧民族的习俗。长途跋涉的征掠使他们不能尽备口粮,只好把肉做成肉干,饼做成了馕,才能保证他们的后勤给养。因此,他们也就无法保证自己一日三餐的标准就餐时间了,零食往往也就代替了正餐。那时的零食,更像现代人打工加班时的方便面,也是无可奈何时填饱肚子的食品。至于以后更为高级的那些零食,比如花生、瓜子、饼干、蛋糕、爆米花、薯条、蜜饯等,其实质未必真是获得体能的营养补充,更充足的原因倒是某种对昔日规训的厌弃,或者是让机械式的生活变得更加曲折丰富的愿望。

现代人时常用请喝一杯咖啡,或请喝一杯茶,以此作为商务会谈的包装,零食就是点染轻松气氛的最好装饰品。桌子上摆满了枣泥糕、松子糕、云片糕,再加上一盘南瓜子、一碟花生米,拈来食之,欣赏品尝时自然就放松了戒备感,琳琅满目的零食能够填补彼此猜忌的心理空间吗?恐怕未必。殊不知,零食带来的某种隐秘快感,无非是在紧张又枯燥的生活节奏中寻求一点儿安谧的感觉。那些零食,诱发出你的食欲,勾引着你的眼神,实质又在无意中解构了我们的日常生活。

饮茶的异化

饮茶是文人们的清雅嗜好。著名现代文学家梁实秋、周作人等都写过"喝茶"的散文。周作人还将自己的住所命名为"苦茶庵",在"五十自寿诗"里,写下了:"旁人若问其中意,且到寒斋吃苦茶"的诗句,可惜他晚节不终,觍颜事敌,却是"又玷清名一盏茶"了。前一时期,北京的作家们流行喝功夫茶。喝功夫茶,需要闲工夫。最好是几人相对,品茗清谈,海阔天空,从风云时事至古玩书画,自俚俗鄙语到风雅高论,无所不及,市人谓之"侃大山",也是人生一大快事。还记得20世纪90年代初,我去诗人高洪波先生家品尝过真正的功夫茶,只记得是极考究的紫砂茶具,小壶小盅如精美玩具,先喝哪一盅茶,再喝哪一盅茶,是有序列的,要细呷细品,才能觉出真滋味儿。茶水浓酽,数巡之后,舌根青涩,竟有越喝越苦,越苦越渴的感觉。走前,我又向他要了一大杯白开水灌下去,回家路上就一途尽找厕所了。

喝茶已经成为一种文化。中国的茶文化,日本的茶道文化,实际上是从苦涩清淡的茶水中去品味人世生活的隽永。这时,茶也从解渴、益身的效用中升华为"文化"了。经过紧张忙碌的一天后,若有清茶一盂,我们可仔细品出苦茶中的芬芳与清绝,在烦扰喧嚣的俗世中寻觅出一点点静谧,从宁静淡泊的心态里感受到某种永久的美与和谐。真是稍得浮生一世之闲,可抵繁华十年尘梦!从清茶中又可品味出中国老、庄的哲学了。可惜,在现今的热闹社会中,这种茶文化也将被逐渐异化了。十余年前,一次,我与两个朋友去琉璃厂街逛累了,找到一处什么茶社,想在那里消乏解渴,悠闲一下子。那里颇清静,无一位顾客,环境也布置得极风雅,墙壁上挂满了名人字画。不过,当那位袅娜娉婷的小姐送上价目表,我吓了一跳,在这儿喝一回茶,足够我买半年的茶叶了!我忙起身,敬谢不敏,表示不想喝这儿的茶了。同来的一位香港朋友,却一定要在这儿坐一坐,他声言甘付茶资。我们也就只好陪他坐一坐了。那里的一切都是高档的,茶盂是极精致的古瓷,沏茶的水是玉泉山清泉,茶叶是上好的龙井茶,一碟白瓜子、一碟日本小点心,还有一碟宫廷茶食,我们在那里足足坐了两个多小时。可是,说实话,我喝茶时的感觉却不是纤徐安闲的,内心里总好像有个疙瘩,似乎倒不如在街上痛饮两碗"大碗茶"更适意。后来,我明白了,这个疙瘩就是在于"钱"。虽然并不用我付茶资,却仍然认为这种"喝法儿"太过奢侈,反而找不着那种淡泊宁静的心态了。

　　茶文化被异化的另一特征是"功夫茶"已经越来越被"功利茶"所代替。自然,在市场经济社会中,每人都要为维持生计而奔波,也就拿不出太多的闲工夫来悠然品茗了。可是,一盏清茶却可以成为人们互相交易时的中介工具。因此,"吃早茶"也在生意场中一度时兴起来。我不做生意,也就无缘总去"吃早茶"。有那么两回,也是朋友请客。到九点钟才开始吃,餐桌上却摆满了虾饺、小笼汤包、豆沙粽子及各色精制餐点,而茶呢,早已黯然无色地退居其次又其次了。这一顿,足足吃了两小时,已经实在搞不清楚是"早茶"呢,还是"午茶"了。这时候的"茶",索性干干脆脆被异化掉了,它成了一副虚幌子。

　　无论如何,"吃早茶"尚有附庸风雅的意味。而"吃讲茶",则是对茶文化的彻底糟蹋了。茅盾先生在《我走过的道路》中记述了一件事,某书店请鲁迅及一群著名文人宴会,开首就提出变更一项合同。鲁迅当时很生气,把筷子一放说:"这是吃讲茶的办法!"他起身就走了。随后,茅盾又解释道:"上海流氓请人吃茶而强迫其人承认某事,谓之吃讲茶。"解放以前,茶馆是各色人物流连憩息的公众场所,也是谈判的好地方。老舍的话剧《茶馆》就写出了时代变迁的悠忽尘梦,写出了古老中国茶文化的异变与衰落！在历史前进的洪流中,常会有一些沉渣又泛起,这种"吃讲茶"的方法是否又会再生？我不知道。但是,我希望不要如此。

吆喝的艺术

　　在街头，走过一个又一个货摊，一片纷纷扬扬的叫卖声，或声粗气足，嗓音洪亮；或声嘶力竭，口齿含糊："卖羊毛衫喽——买不买？买不买？""卖皮鞋喽——买不买？买不买？"也有企图揣摩顾客心理的，尽量使叫卖的吆喝声具有一定的夸张色彩，比如，"最新式、最时髦、最便宜、最最最……的皮鞋哟！"有时还加上几句："不买白不买哟！""大甩卖啦！大甩卖啦！赔了血本啦……""减价，减价，大减价啦！"这种直露的吆喝，往往只能换来过路人麻木的一瞥。

　　过去，老北京城的市民还记得一个相声《卖布头》吧，里面惟妙惟肖地形容了当年老北京城各类叫卖者的吆喝声。这些吆喝声带有强烈的形象色彩，富于感染力，可以说是一种"叫卖艺术"。这种"叫卖艺术"的一个特色，就是有一种悠扬起伏的韵律感。声音忽高忽低，忽粗忽细。比如卖糖葫芦的，无论是山楂、荸荠还是山药，先挑高了嗓门大喊一声："葫芦哟——冰塔儿"，过好一会儿，却又用低八度的嗓音再吐出一声："刚蘸的喽！"声音低沉又深厚。这样吆喝卖糖葫芦的已经绝少了，我在20世纪90年代初的春节逛白云观庙会时，曾经遇到过一个老头儿，他就用这种有声有色的吆喝招徕了不少顾客。曾经有一段时间，我搞不清楚"冰塔儿"是什么意思，后来问了一位老者，才知道是形容糖葫芦犹如晶莹透明的冰塔一样,多么形象!

我小时候,由于已经实现了公私合营,个体商贩渐渐减少,那些五花八门各式各样的叫卖吆喝声也趋于单一化了。可是,我的记忆里还萦绕着磨剪子磨刀的吆喝声,他们大都扛着一个像长凳子似的工具担,手里拿一把钳形的铁铉,抑扬顿挫地长长吆喝一声:"磨——剪子——嘞——抢——菜刀——"唱腔里还带颤音。这时,他将铁板蓦地从钳形铁铉中一抽,就"刺啷——"发出一声带点儿颤巍的金属声响,一声吆喝,还有一声余音缭绕的金属撞击声响,它能使你的心情变得恬淡和宁静,没有一点儿喧嚣感。我听老邻居们说,这种钳形铁铉似的玩意儿,原来是担着剃头挑子的串街理发师手里的什物。新中国成立后,理发馆越来越多,串街剃头师傅逐渐消失,这什物不知怎的又转到磨刀人的手里。有的磨刀人还手持一串铁片相缀的什物,他摇动着,一片哗啦哗啦的响声。据说,在以前的老北京城,那些走街串巷的个体商贩除了以他们别具一格的吆喝声招徕顾客外,各种行当还有一种代表性的乐器,如拨浪鼓、呜呜吹响的铜号,这使得那吆喝声更富于音乐的美感。

老北京城的叫卖者们在吆喝声中还特别注意运用形象思维,用彼物形象地比喻此物,犹如诗歌中的比兴手法。如今街上有卖萝卜的,差不离都是直捅捅地嚷两声:"卖萝卜喽,卖萝卜喽,五毛钱一斤!""萝卜——便宜喽!"可是,以前老北京城卖萝卜的吆喝就不同了:"萝卜——赛梨喽!"极简洁的一句话,把萝卜的滋味儿与梨相比,使你口流涎水。再有,形容萝卜:"卖萝卜喽——嘎嘣脆的萝卜!"这"嘎嘣脆"是北京土语,再形象不过地描绘出萝卜的鲜嫩可人。还有许多精彩的比喻,例如,"烤白薯噢真热乎——栗子味儿的白薯!""柿子!大柿子——喝了蜜的大柿子!""牛心大柿子——赛冰激凌喽!"这些吆喝声都是在冬天。在童年时期上学的路上,我真被那生动的吆喝所吸引,就下定决心用攒的零花钱,买一个冰冻大柿子尝了尝,品尝后的感觉是冰冻柿子的滋味儿或许与冰激凌有某些相近,但是,这柿子里边哪里有"牛心"呀?我还买过几块烤白薯,有红瓤的、有白瓤的,仔仔细细与糖炒栗子相比较,却未品尝出两者有何相似之处。那时,我还不懂得这些叫卖的吆喝声所具有的夸张色彩,心里还抱怨他们吹牛呢!

闲话琉璃厂

　　清乾隆年间,北京城的琉璃厂不过是一片窑场空地,虽也有些店铺书肆,却并不繁荣。孙殿起在《琉璃厂小志》中说:"琉璃厂,辽时京东附郭一村耳,元于其地建琉璃窑,始有今名。"清初起,这一片空场就集聚了小贩卖旧货,元宵耍花灯,逐渐形成了春节逛厂甸之风俗。尤其是乾隆三十八年,朝廷开馆编纂《四库全书》,需要一批文人参加,亦需要大量参考典籍,因此琉璃厂一带的书市街也更繁荣起来了。

　　在这以前,琉璃厂的书肆多少也有些名声了。那附近之地曾是京城耆宿名士们聚居处,如明清两代著名学者孙承泽、纪晓岚、王渔洋、朱彝尊以及戏剧家李渔等都在那一带住过,那里的书肆也成了他们流连盘桓处。这些书铺规模不大,房屋挺陈旧,书籍种类也不很多,但伙计们颇有教养,乐于为学者士大夫提供方便,甚至送货上门。书肆的老板和伙计们都具备较深厚的文化底蕴,文人雅士愿意与他们结交,也是琉璃厂这条文化街能发展起来的重要原因。清学者李文藻在乾隆三十四年写的《琉璃厂书肆记》记载,这条街东西约有二里长,书肆在路北有二三十家,如二酉堂、名盛堂、带草堂、宝田堂等。过了一百多年,清光绪十一年写《书林清话》的作者叶德辉再写琉璃厂,那些书肆的名号大都变了,"惟二酉堂巍然独存"。士大夫们尚存乾嘉时代风气,有业余时间便来逛

159

厂肆,夕阳西坠则各挟几包书乘车而归。这时候,琉璃厂已渐成喧市,大小书铺林立,多出售古旧书为业,还有卖古玩字画、卖文房四宝的店铺。于是,琉璃厂也成为京城的一个特色文化景点。

还记得2004年夏季,我曾经陪两位香港文化人逛琉璃厂,无非东瞧西望,浏览那些字画和古书,欣赏墙壁上挂满的名人墨迹,有位女士尤其赞佩那些店铺中伙计真是风度儒雅、古风犹存。那一回,两个朋友特地买了戴月轩的湖笔、胡开文的徽墨,说买回送一位老先生。他们又诙谐地开玩笑道,也只有老先生才会用这样的文具。现在50岁以下的人恐怕连持毛笔的姿势都不对了。当时的琉璃厂已经过改造,路面放宽,铺面也重建了,还算尽力保持了昔日光景,街面有经营字画、金石、瓷器、碑帖、篆刻、装裱的店铺,也有不少买卖旧古董文物的商家,据说琉璃厂的生意也逐渐繁盛了。

琉璃厂这条街几度兴衰。清末庚子年间京城遭八国联军侵略的浩劫,百业凋敝,民不聊生,琉璃厂书肆也呈萧条景象。读书人到琉璃厂访求古书已不多,倒是一些外国人来书肆贱价买去大量古籍,包括县志资料等,供他们研究中国之用。辛亥革命后,不少名门世家败落,私家藏书流入琉璃厂书肆。再加上北京的一些图书馆、博物馆以及各大学,都相继购进图书,竟然又使琉璃厂的书业再度繁荣了。以后,商务印书馆在琉璃厂建分馆,不少新式书局陆续兴起,如中华书局、世界书局、会文堂等,这里的书肆也从只售旧书转为也刻印一些古籍、唱本、新旧小说等。

关于琉璃厂的历史变迁状况,清代学者李文藻写了《琉璃厂书肆记》予以介绍,另一位学者缪荃荪也写了《琉璃厂后记》加以补充。民国时期又有重要书商孙殿起作《琉璃厂书肆三记》,他的这部书及《贩书偶记》、《北京风俗杂咏》等是当今藏书人必备的工具书,有很大学术价值。而孙殿起的外甥,也是通学斋跟他学徒的雷梦水先生,亦称得上对古籍藏书业颇有研究的专家学者了,在朱自清先生的鼓励下,他不仅写了《琉璃厂书肆四记》,并整理了孙殿起的遗著,自己也出版专著六七种。而他的《四记》,"以营售古书为主,时间从一九四零年左右开始,至一九五八年公私合营为止",对了解琉璃厂书肆后期的沿革状况颇有助益。

北京的旧书肆

书肆即现代的书店或书摊,古代称谓是书坊、书林、书棚,或是书铺、经籍铺,南方还有在船上卖书的,称书船。北京的旧书肆在明代以前便粗具规模了,大都设在繁华集市中。比如明代的北京正阳门至大明门前的朝前市就是商业中心,还有东城的灯市及西城的城隍庙一带,多设有书肆。当时刻书业有官署刻书,类似现在的文件汇编,如吏部有《吏部职掌》、兵部有《大阅录》、礼部有《国朝典汇》等,都是很好的历史资料,却也由于过于专业化,不被藏书家喜爱,许多因之湮没在历史尘封中。但更多则是私人印书业,如明代著名刻书作坊汪谅家,曾刻印出不少精美的书籍,书中目录后还有广告性牌记,商业气息已经很浓厚了。清初时,北京广安门内慈仁寺每月有定期庙会,商市繁盛,百夜云集,书肆也成一大景观,不少文人士大夫来这里搜访古籍,可是康熙十八年京城发生大地震后,慈仁寺庙市逐渐衰落,书肆业遂移至隆福寺街、琉璃厂及东安市场、西单市场内。

据说,北京的旧书商分为两大派,一是江西书商派,再是河北书商派。河北书商派多是冀州、深县、枣强等地人,隆福寺就是他们的根据地。当时隆福寺也是与琉璃厂齐名的书市街,《北京传统便览》说,那里曾经是"明末至民国时期北京著名书肆集中地"。它也是起源于庙会的,清乾隆时期的学者李文藻在文中称："内城隆福寺街,遇会有卖书者。"可见书肆的规模还不大,服务也不周到,所以他抱怨,书籍"散溢满地,往往不全而价低"。到了清末民初之际,隆福寺街的书肆渐多,已有三十余家,如东雅堂、修文堂、文奎堂、粹雅堂、鸿文阁、文殿阁等。民国以后,北京大学、中法大学等高等学府就在附近,时常有不少学者教授及青年学生来这里买书,他们与书肆的老板和伙计们建立了密切的私人关系,不光能从那里淘到善本古籍,还能得到许多关于版本学的知识。比如郑振铎就在隆福寺街上带经堂书店购得明万历刻本《水明楼集》一部,使他欣喜异常,连称"书运不浅"。著名学者胡适也对学生们说:"这儿距隆福寺很近,你们应该常去跑跑,那里书店的老掌柜懂得的,不见得比大学生懂得少呢!"无论名气多大的学者也会将书店的掌柜伙计待为上宾,他们之间不单是买者与卖者的关系,还是书友和学友,甚至是密友。

东安市场的书肆是在20世纪20年代才发展和活跃起来的。那里地处王府井,距离东交民巷、北京饭店及协和医院很近,时常有些外籍人士及洋派学者光顾此地,因此,书肆中的现代气息就更为浓厚,较多地经营外文书籍。那些洋人离开北京时,常将拥有的外文书和画册等出售,就使得那些书店建立起收购业务。例如中原书店经营英、法、德、俄文书籍,春明书店经营日文书籍。还有更多的书店也着眼于出售新文化书籍,比如现代小说、诗歌集等,还能买到新出版的月刊杂志;甚至还有为戏曲爱好者服务的松竹梅书店,专卖梨园画报、戏剧旬刊等。在《文史资料选辑》中,一些学者常回忆起那里的书肆业,书肆不仅使人们在此买书淘书,还有着图书馆的作用,读者在书摊长时间阅读,绝不会遭摊主的白眼。在东安市场西街上,有几十家书摊连成一片的"书廊",时常有很多收入菲薄的青年站立在那儿看书。那里还能买到一些打折减价出售的旧书、过时的报刊等。

西单商场是京城的另一大商场,但其中仅有东华、佩文、知行几家书店,特别是1926年遭遇一场大火后损失严重,这里的书肆业远未形成规模。此外,北京城还有一些颇有名声的书肆业,如杨梅斜街的中华印书局,专营多种小唱本;打磨厂的老二酉堂、宝文堂是刊印私塾用的旧启蒙书和历书的;杨柳青戴联增画分店则以经营民间年画为主,并兼营美术类图书;而在宣武门内头发胡同里,则有数家书铺比邻相接,他们专门收进古籍旧书,当日即随行就市售出,因书价低廉,也常有文化人到这里淘书。

余叔岩与余胜荪

　　我前一时期写作长篇小说《记忆与欲望》时，因提及梨园世家的典故，查阅了一些资料。方知著名须生余叔岩与另一汪派须生余胜荪，原是兄弟俩。他俩生在京剧世家中，祖父是著名须生余三胜。

　　余叔岩幼习京剧，曾经在天津演出，颇受欢迎。但不久，因嗓音倒仓，暂时罢演，遂在袁世凯之子袁克定处任内尉官，以此为机缘，结识了一批名人雅士，如哈汉章、张伯驹等常为座上客。他的书法尤为精湛，得到过天津名士魏瓠公指点，学米芾风格，曾习乾隆皇帝老师张得天墨迹。他有较高的文化修养，据看过其演戏的观众说，余叔岩的唱腔可模仿，而他的儒雅做派却是别人难以做到的。余叔岩年轻时拜谭鑫培为师，倾心相学，朝夕不辍。有时候，为了学一出戏，他甚至献出家传的鼻烟壶及珍贵的玉器。余叔岩潜心师法谭鑫培，其京剧艺术不仅深得谭派精髓，且又有进一步发展，创出一个余派来。民国初期的北平城，余叔岩与杨小楼、梅兰芳鼎足而三，三人都是京剧世家出身，余叔岩为余三胜之孙，杨小楼为杨月楼之子，梅兰芳为梅巧玲之孙，三个名角唱出一个京剧的鼎盛时期。

　　余胜荪是余叔岩的三弟。由于他哥哥余叔岩学谭派已经成名，他不想走哥哥的老路，就学程长庚的腔调与其兄抗衡。程长庚是四大徽班进京时三庆班的主角,是谭鑫培的师傅和义父。一次某贵人办堂会,程长庚一唱成名,遂得了外号"叫天"。程长庚的唱腔特点是采用汉调的优异处又渗入京剧,颇有咏汉调味道,很耐人寻味。程长庚死后,唯有周子衡继承了程长庚的唱法。于是,余胜荪拜周子衡为师,细心琢磨程长庚唱法,还专门找人仔细研究对比程长庚唱法与谭鑫培唱法的不同之处。余胜荪立志宗程长庚唱法,不仅认真跟周子衡学习,而且每一次演出,他还专门油印一些传单散发给观众,写明自己的唱、白、身段等,以及台上处理与其他演员们的相异处。当时,北平城的开明、新明两大戏院都请余胜荪唱大轴戏。他的嗓音清亮高亢,做法老练洒脱,颇有朴厚之风,也有一些戏迷捧他。但是,他太墨守成规了,不敢对程长庚的基本法则作任何改动,所以,他毕竟未唱出自己的特点来。

他的哥哥余叔岩则不同,拜谭鑫培为师时,当然也是诚心诚意学。可谭鑫培因为已有众多弟子,教余叔岩不很上心,平时躺在床上抽鸦片,高兴了,即把关键身手处用烟枪比画几下。余叔岩颇有危机感,为了琢磨透谭鑫培的唱、白、身段、表情等,他专门花钱买票去看谭鑫培的戏,还向谭鑫培的配角和乐师们请教。他常侍奉于谭鑫培前后,持礼甚恭,甚至还有他给谭鑫培穿靴子的传说。即使如此亦步亦趋,他仍然难以胜出谭鑫培的众弟子,那些弟子已经唱得比较红了,有的如谭鑫培女婿王又宸,还是名角。他们的社会名声都比余叔岩大。不过,余叔岩摸出一个门道,即谭鑫培原是程长庚弟子,却不见得处处宗程,而是把那一代角儿的唱腔与自己的优势相结合,个性化了,唱出一个"谭派"来。余叔岩又致力对谭派唱腔的整理和升华,也结合自己的风格特点,又升华出一个余派了。他反而压倒了那些酷似谭派的弟子,用自己创新的"似与不似之间"占了上风,成为当时四大须生之首。

余叔岩与余胜荪兄弟俩的学艺生涯颇有意思。余叔岩其实能创出一个余派,也与他深湛的文化修养有关。戏曲是一种心灵的吟唱,蕴藉着诗化语言的韵味。徐城北先生曾经用画中国画时的运笔规则,来联想余叔岩的艺术效果。他认为,画水墨画有一种笔法,笔锋不是顺势披靡,而是呈锐角状,"戗"着笔锋使之顿挫、摩擦,犹如有人拽着下滑坡道的车子前行,却体现出某种逆势的美感。这个比喻是很精彩的。

可惜,余叔岩没有唱多少年。他在七七事变后缀演,晚年曾经正式收了四个徒弟,即杨宝忠、谭富英、李少春及孟小冬。他还曾经与张伯驹合作,编写了一部《乱弹音韵》,此书新中国成立后出版,改名为《京剧音韵》。抗战时期,余叔岩于1943年病逝于北平城。

梅兰芳与昆曲

在辽宁教育出版社所出版的《齐如山回忆录》中，记载了齐如山与梅兰芳的最初接触过程。齐如山一次观戏后给梅兰芳写过一封长信，对其唱腔、身段等提出不少具体意见，梅兰芳从善如流，对这些意见都认真采纳，两人遂结为好友，时常共同切磋艺术。齐如山还有一个重要建议，认为应该在京剧中加强身段表演，与唱腔相配合呼应。这就应该多向昆曲借鉴，因为昆曲几乎每出戏都有身段表演，轻歌曼舞，急管繁弦，唱腔细腻，词曲渊雅。于是，齐如山怂恿梅兰芳多学昆曲，梅兰芳居然一口气学了六七十出戏。不过，因昆曲衰落已久，许多身段也失传了，他们只好自己研究身段表演。

梅兰芳在1915年就进行过一桩艺术革新，大胆地在演唱中突破了单一的皮黄腔，引入了昆曲。昆曲身段复杂优美，唱工婉转细腻，唱词典雅，表演也讲究，京剧演员先学好昆曲再学皮黄就容易打好基础了。梅兰芳曾经向当时著名的青衣演员陈德霖学习过昆曲，以后又向名净李寿山学习昆曲，这两位名角的昆曲根底都十分深厚，在唱腔中很讲究字音声韵，应该说梅兰芳学艺之初就已经意识到汲取昆曲艺术的重要性。以后，由于齐如山的提醒，梅兰芳不仅注意借鉴昆曲的唱腔，更重视借鉴昆曲表演时的身段表情。梅兰芳以后又曾经向苏州昆旦乔蕙兰学习，还专门向南昆名伶俞振飞请教。1933年,梅兰芳与俞振飞合演《游园惊梦》。据齐如山称,在南通的那次表演,有不少南方观众,亦有戏曲学校学生,他们啧啧赞叹梅兰芳的表演身段与唱腔的完美融合,这使他甚为讶异,那里本是昆曲的发源地,难道观众竟然不明白昆曲应该注意身段表演吗?后来他才知道,由于昆曲衰落多年,即使南方演出昆曲时,那些必须有的身段表演也失传了不少。

昆曲又名昆山腔,明代中叶最初仅流行昆山、苏州一带。它由明嘉靖年间的昆山音乐家魏良辅综合吸收南戏的其他唱腔优点,又融合南北乐器与唱法,以笛、管、笙、琵琶的繁音合奏来伴曲,所以声调圆润,吐字清楚,亦称“水磨腔”。以后,戏剧家梁辰鱼根据它的格律写成《浣纱记》,使昆曲由散曲而走上舞台,进而普及全国。特别是临川派剧作家汤显祖所创作的《牡丹亭》,这部经典剧作在艺术上获得极大成功,数百年流传不息,这也使得昆曲在剧坛取得正统地位,明代戏曲转入“竞奏雅音”的时代。昆曲多在深宅大院的红地毯作小规模演出,其生动的场面中,大段的曲词过于典雅,唱腔有时不易听清,于是它就强调动作表情,使其舞蹈动作更细致明朗,却从另一方面发展了表演艺术。在明末清初,昆曲被视为“雅部”,受到达官贵人的推崇,而弋阳腔及其他梆子腔等被称为“乱弹”。可是,昆曲日益贵族化、典雅化,其结局是走向僵化,当时的观众们以至于“闻歌昆曲,辄哄然散去”,它开始走向衰落。这使得各种地方戏又空前繁荣起来,它们在北京流动荟萃中又形成了新剧种——京剧。京剧以徽调二黄和汉调西皮为主要唱腔,又兼容了昆腔等戏曲特点,形成了“昆乱俱全,文武不挡”的局面。梅兰芳先生是京剧世家出身,他的祖父即京剧名伶梅巧玲,他深入挖掘了昆曲已衰落甚至失传的唱腔、身段等表演艺术,为其丰富梅派艺术而起到很好的借鉴作用。

还记得,2004年中秋节前一天,我与妻子去看望梅绍武和屠珍夫妇。梅绍武叔叔是梅兰芳的公子,亦是先父好友,那天他送我几本书,其中就有他的论文集。我看到此书中有16篇论述美国戏剧的文章,便问他:“您是否想做中外戏剧比较研究?”他笑着点点头说,京剧梅派艺术的形成就是“拿来主义”,拿来了昆曲、拿来了国画艺术等,若要进一步发展，就应该不停地拿来，特别应该借鉴外国艺术。他说自己很想为此作一番贡献。可惜当时，梅绍武叔叔已经患重症在身，意识到来日无多，他谈话便时时流露出惆怅神情。

影视与心理小说

　　已故作家王小波在一些文章里提出一个观点，旧的经典文学的那种技巧和文体已经过时。比如，托尔斯泰在《战争与和平》中的几十页描写，如今在电影里用几分钟的镜头就可以解决。因此，他说："在影视发达的现代，如果没有现代小说，托尔斯泰并不能让我保持阅读的习惯。"

　　我并不完全同意王小波先生的观点。我以为，托尔斯泰等一批文学大师作品的艺术魅力，不仅仅是生动地描绘了各种生活场面与各色人物，而且为人类提供了丰富深邃的人文主义思想。因此，托尔斯泰等一批文学大师的作品仍然影响着当代文学，而在影视中出现的一批又一批"肥皂剧"，却是自生自灭。当然，也不可否认，自从20世纪发明了电影电视后，世界文化经历了一场巨大革命，影视可以摄取人、物、景的影像，准确"还原"自然的形体、色彩、运动和声音，给人以强烈的生活逼真感。这就迫使小说、戏剧等艺术形式不得不进行改革，必须深入人们心灵深处，表现出摄像机进入不了的更广阔的世界。我想，这大概也是西方世界出现了纷纭复杂的文学思潮，如超现实主义、现代主义、后现代主义、"黑色幽默"派、意识流等各种文学流派产生的一个重要原因吧。

　　目前，在科技飞速发展、物质生活富裕的当代社会，人们对现实的观念有很大变化，生活重心已经由物质生活更多地转向精神生活，因此，小说家描写和反映的现实，也应该由物质世界转到精神世界，把重点放在"心理现实"上。国外一些著名文学批评家就认为，当代社会里"社会小说已经被心理小说所代替"。不过，作家描写和反映人物内心世界的手法是多种多样的，既有出自下意识或潜意识和内心独白形式，也有通过描写人物的语言、行动和行为举止，隐晦而含蓄地揭示人物最隐秘心理世界的新手法。采用这些新手法的外国作家主要有法国的玛格丽特·杜拉、英国的苏珊·希尔、美国的约翰·伽拉德等。我更喜欢英国女作家苏珊·希尔的作品，她的代表作《来点儿歌舞》，描写两位小人物，老处女范肖小姐和叫花子柯里非常传神。范肖小姐内心十分孤独，主动找柯里先生做房客，以后又发现他是用歌舞在街上乞讨的叫花子，觉得这事使她丢脸，但经过思想矛盾后仍然对他表示同情。柯里先生戴着手套和帽子，举止文雅，像个绅士，一举一动都恰到好处，这恰恰是反衬出他的痛苦心灵。本来，柯里的精神生活应该是小说的主题，但作者并不直接描写他的内心世界，而是通过人物的简洁对话、日常生活的微小细节，甚至微妙的面部表情去暗示他蕴藏的情感。这篇小说留给读者想象和体会的东西很多，既含蓄又有余味，笑里含着眼泪，可以说是一首无韵的哀诗，写出了资本主义社会某些小人物凄凉孤独的呻吟。外国文学出版社曾经出版过《苏珊·希尔短篇小说集》，但是，苏珊·希尔的作品并未在我国引起很大反响，我的有些朋友还认为她的手法"太老了"。我却觉得，苏珊·希尔的某些创作风格，如不追求曲折离奇的情节、语言简洁、对话含蓄，只用朴素的寥寥几笔就把人物的隐秘内心世界揭示出来，这正是值得我们学习的。

　　由于出现了心理小说，作家们描写和反映生活时，自然而然把重心转移到精神世界方面，这其实对影视艺术的发展也起到了促进作用，使得影视镜头里，不仅仅有那些恢弘的大场面和惊险曲折的情节，也要注意反映人物的心灵，注意探索人的价值和自我的本质，注意在荧屏上刻画人物时更内向。这一点，电视剧《围城》起到一个很好的启示作用，它较深刻地把握住原作的哲理内涵，特别重视刻画人物的内心世界，用喜剧表演手法表现了悲剧意识，使人回味无穷。

小说·诗歌·音乐

捷克作家米兰·昆德拉说过,小说与音乐有着神秘的亲缘关系。以前我并不理解这一点。一天深夜,窗外簌簌雨声中,旁边楼里传来若有若无的钢琴曲调,我的心灵忽然被触动,明白了昆德拉所讲的实际是一种音乐的感觉,一种美的体验,"作为美妙的爆发,生命的至高时刻,被凝聚的感动,目光的独到,令人发狂的惊讶"。这正是小说所拥有的全部诗意。

在现代社会,由于出现了电影电视,小说的读者减少了,就迫使它不得不在艺术形式上进行改革。当代艺术作品的重心更多地转向精神生活,这就出现了许多描写人们内心世界,甚至下意识及潜意识的心理小说。这种心理小说打破了过去小说的叙述模式,采用不少新的艺术手法,比如,法国女作家玛格丽特·杜拉的《悠悠此情》,就是一部代表作。它用老人忆述的形式, 讲述了一位法国少女与一位华裔青年在印度支那恋爱的故事。这部作品采用了"意识流式"的零星碎片的集装型结构,利用一些闪烁的情感、模糊的景物、朦胧的回忆,营造出一种小说的诗化和音乐化的气氛。我读过漓江出版社的一个译本。可惜我不懂法文,一位翻译家对我说,只有阅读法文原著才能真正领会其美妙的韵律与格调,语言中的传神韵味是翻译文字难以表达的。

　　国外一些著名评论家认为，当代心理小说特别应该注意小说的诗化和音乐化，高潮时常常结合诗或音乐来表达，创造有音乐性的新词，用诗一样的新句法。其实，这种艺术表现手法不是当代心理小说所独有的。在中国古典小说《红楼梦》中也采用过。记得一位外国友人曾经对我说，他读过英译本的《红楼梦》，觉得讲述的故事挺有意思，但是，前前后后为什么要有那么多奇怪的诗歌呢？当时，我多少有些啼笑皆非之感。《红楼梦》中的那些诗歌正是这部伟大作品的艺术特色之一。它使小说浸透了诗的韵律与格调，就像一首如诉如泣的歌。不过，因为语言的隔阂，没有中国文化修养的人，就难以领略这一妙处了。在小说诗化和音乐化方面取得艺术成就的，还有现当代作家废名和汪曾祺先生等，可以说，他们的作品犹如无韵的诗，使读者心灵牵起民乐《二泉映月》那样的韵律。

　　我曾经在《海峡》杂志发表过一个中篇小说《野渡》，尝试在艺术手法上作一些新的追求。这篇小说描写一位农村青年的生活、情感及梦幻世界，较多地采用某些扑朔迷离的意象以及形象化的句式，试图用断续零散的散文式手法形成具有诗意的格调。但是，这个尝试不是很成功。我少年时代虽然曾在农村住过几年，却并未理解农民的思想情感。这也就造成了作品的先天不足之处——缺乏强烈的生活气息，情感也自然显得苍白和枯萎了。这使我体会到，不能仅仅视艺术技巧为表现主题的工具，它实际也是某种观察和感受的结果，又是与作者的生活意识紧密相连的。

在巴黎的大街小巷里

在巴黎的香榭丽舍大街散步，就好像逛一个漫长而优美的雕塑博物馆。卢浮宫、奥赛博物馆、罗丹博物馆的那些著名雕塑作品，香榭丽舍大街上都有了，如《思想者》、《掷铁饼者》、《米洛的维纳斯》、《巴尔扎克纪念像》等，还有许多现代派的优秀作品，隔几米远就有一座雕塑，这一条铺满了绿草坪和鲜花的大街，弥漫了梦幻和绮丽的色彩。街上很静谧，很少有汽车驶过，没有喧嚣的市声，没有拥挤的人群，使你能享受到近于极致的宁静。一次，在一片树林里，我见一个中年人往自己脸上涂抹着各种色彩，红黄绿白抹了满脸，我抑制不住自己的好奇心站在旁边看着，这或许有点儿不礼貌吧。他抬起头冲我龇了龇牙，我不好意思朝他笑笑，他又向我吹了个口哨。

还有一天傍晚，我和妻子急着去坐地铁，赶回凡尔赛城。路过埃菲尔铁塔，一群法国中学生围成一圈在做游戏，很像国内孩子们玩"丢手绢"。一个小姑娘把纸团悄悄扔在又高又胖的男孩子身后，她跑了半圈，男孩子也未发现，大家笑了。胖男孩子这才察觉，他急急起身，不小心却摔了个仰面朝天，更逗得同学们哈哈大笑。我俩站在一边，瞧着这群活泼可爱的少年，又好像回到了纯真的少年时代，这真是一种极美好的感觉。暮霭渐渐降临，他们手拉手，簇拥一起照了一张相，又蹦跳着唱起一

174

首法国歌曲："啦啦啦……"那天，我们误了回凡尔赛的一班地铁，又误了凡尔赛车站到我们住所的最后一班公共汽车，到家已是十二点钟，但那极纯美的感觉仍是纤徐不散。

　　在巴黎，我不喜欢德方斯新区全是高楼大厦、立体交叉桥的那种令人窒息而枯燥的环境，城市建筑似乎被那些垂直线、水平线和弧形线单调地瓜分，即使有那几座大型抽象派雕塑也仍然增添不了几许暖色。我始终觉得，巴黎的真正特色还是在老区。我们站在塞纳河的桥上，望着缓缓流动的黑绿色河水，一条条游船从河中心驶过，船上的人们频频向我们吹口哨。我们走出巴黎圣母院，望着纤尘不染的蓝空，大群雪白的鸽子飞过，栖息在古老方砖墁地的广场上。还有那些喷水池下天真活泼的儿童，不由使你身心产生一种融化入美丽大自然中的深深愉悦。还有拿破仑墓、凯旋门、大剧院等处，这些雄伟建筑都凝聚了沉重的历史感。我还特别喜欢在巴黎的一些小街道里转悠。那里是古朴的旧方砖墁成的地面，有点凹凸不平，街旁是一些旧式小楼，铁门紧闭，院里是绿色草坪和鲜艳的花坛。我和妻子在街道上溜达着。在街面上有一些小画店，我们走进去，观赏着拿来出售的油画，店主很高兴，还特地捧出一些青年画家的作品向我们推荐。我们说不买画，只是看看。店主的热情却丝毫没有减低，继续拿出大量的油画请我们观赏。走出小店，街上已经飘洒起了细雨。

　　在巴黎的三个月，我和妻子两次游览卢浮宫，仍然只是浮光掠影地观看了其中一小部分。一个留学生告诉我们，起码来卢浮宫五次以上，才能了解一个粗浅的概貌。据说，卢浮宫珍藏的艺术品达40万件！这真是艺术品的海洋。我们在其中徜徉，望着《米洛的维纳斯》雕塑的典雅造型，《蒙娜丽莎》油画中那隽永的神秘微笑，内心却是有些茫然——我们显得匆忙而疲惫，竟缺少了赏析这些艺术品的浪漫情趣，是由于慌乱心情造成的，还是被美不胜收的艺术品海洋震慑住了？也许，两种原因都有吧。还记得，最后一次去卢浮宫，那天的天气最好。金灿灿阳光照耀在卡鲁塞广场的那一大一小的玻璃金字塔上，喷泉扬起高高的水柱，许多游客纷纷在美丽景观前摄影留念。在不远处卢浮宫公园里，我们见到一队穿红制服、戴高筒军帽，拿破仑时代法国军人打扮的一群人，肩扛毛瑟枪在操练。他们在一片军乐声中列队前进,仿佛从遥远的历史中走来。

回国前的两星期,我和妻子去巴黎大学附近的书店买书,走在街道上,迎面开来了一辆宣传车,开始我们以为又是哪个商店想出新花招兜售商品。走着走着,妻子拽我一把说:"嘿,喇叭里好像是骂希拉克。"我们驻足观看,马路那边稀稀拉拉过来了一队人,前面举着一幅大标语,大意是反对法国总统希拉克的一项改革措施。示威游行队伍中的人们却轻轻松松、嘻嘻哈哈,有的互相搂着肩膀,有的叼着烟卷,还有的朝路边人们做着鬼脸。周围的几个法国警察打着哈欠。我们看这支游行队伍却更像是一伙刚走下旅游车的游客。当天晚上,我们看电视的新闻节目,这个场景却成了全法国的重大新闻,是几所名牌大学的教职工举行示威游行,抗议希拉克将要在教育界推行的一项改革措施。第二天的法国电台和报纸,这件事也成了头条新闻。

艺术是巴黎的灵魂。人们崇尚艺术,更以一种浪漫的态度来对待生活。因此,他们面对政治时,倒是显得有些漫不经心了。

第四辑 文坛忆往

钱先生的一块表

　　我的手腕上戴着一块表，是20世纪60年代的梅花牌自动表，在那时可是价值不菲。它是我家的珍贵之物，过去长期珍藏在保险柜里。这倒不仅仅是由于这块表值钱，而是因为它是我们尊敬的一位老人钱钟书先生所遗留下的心爱之物，也是杨绛先生赠给我们的纪念之物。以前，我一直不敢使用它。直到前一时期，我原来戴的那块电子表坏了，我才把这块手表戴在手腕上。

　　我忽然想起，自己年轻时所戴的头一块手表也是钱钟书爷爷和杨绛奶奶送的。当时，我从师范学校毕业，分配在北京二中做语文老师。我新任教，害怕调节不好讲课的时间，只好借父亲的手表戴。我家的经济状况那时还不宽裕，而买一块手表则需要我三个月的工资。钱爷爷与杨奶奶得知此事后，立即给我家送来一百元钱，并对我母亲说："施亮参加工作，我们表示祝贺，这就权当我们的一点儿心意吧。"用这笔钱，我买了一块上海牌手表，戴了很长时间。那是我戴的许多块手表中，最为喜爱的一块。

　　先父施咸荣青年时就读清华大学外文系，师从钱钟书先生与杨绛先生。以后，他长期从事英美文学研究，时常要向他们夫妇求教。几十年来，我们两家保持着亲密的关系。按照我们民族的传统，古人云："师徒

178

如父子。"我们家里总是习惯地称钱先生为"爷爷",称杨绛先生为"奶奶"。这是我家至今维持不变的特定称呼,而我的两个女儿则称他们夫妇为"太爷爷"和"太奶奶"了。我的父亲病逝后,钱先生正在重病之中,可是仍然手迹颤抖地写来一封亲笔信,其中有"昨日得知咸荣逝世,不胜惊悼。数十年至交,临终未能诀别,尤为悲感"这样充满感情的字句。以后,钱先生重病住院期间,1997年春节我与妻子同去探望,钱先生羸弱地躺在病床上,讲几句话后,他的语句也喃喃地听不太清了。他还在说,遗憾未能与我父亲见最后一面,也没有余力来帮助照顾我家了。走出医院大门,妻子眼噙泪水说:"唉,爷爷病中还想着照顾我们,其实咱们年轻人更该为他们做事情啊!"特别难忘的是,在钱瑗重病告危的家变期间,我与妻子很艰难地把这个极不幸的消息告知杨绛奶奶,大家都担心老人岂能担负如此残酷命运的重击。可是,杨绛奶奶也只是往后仰靠在沙发上,双眼望着天花板,叹息一声,说她自己"早有预感"!望着她,我们真是心碎如裂,木讷无言。

记得20世纪80年代末的一天傍晚,先父与我一起散步时聊起,说他为何崇敬钱先生夫妇的品格,他说:"威武不能屈,富贵不能淫,淡泊宁静,说起来简单,做起来难呀。"有些人苛责钱先生"软弱"、"世故",这些评论实在有武断和轻薄之嫌。在"文化大革命"动乱中,钱先生拒绝江青的拉拢,拒赴国宴,还在患难中帮助朋友,这些事实都是众所周知的。

2005年春节初二那天,我与妻子去看望杨绛奶奶,我们早得知她年前曾患一场小病,如今身体已完全地痊愈了。她说,由于天气太冷,已经不出门散步了,而是在屋里走步,最多时可走七千步,少时则可走四千步,有时倦怠了也就给自己放假不走了。

文后附录:此文2005年3月6日发表在《深圳特区报》。近年来,有许多朋友很关心杨绛老人的近况。我特将妻子付研博客的两则短文(文字略作改动)摘录如下:

(付研的博客:2008年7月19日)7月17日是杨绛奶奶的生日,今天(19日)中午我们给杨绛奶奶打了电话,说是下午四点我和施亮去看望她。因为,照顾奶奶的阿姨小吴没在家,耳背的老人早已搬把椅子坐在门口,等待我们按响门铃。进门后,老人端来早已准备好的无锡水蜜桃和一杯白开水,还怕我们热着,她又马上打开了电扇。看着98岁老人的微笑面容,心里感到十分愧疚,因为我们看望老人的时间实在是太少了!杨绛奶奶与我俩坐在一起,说起她的身体状况,又提起我们熟悉的亲戚朋友,还谈到她那本最近在商务印书馆出版的新书,聊起许多家常话,真是温馨又快乐。临走的时候,奶奶送了我们一本《走到人生边上》,并签署了名字。我与奶奶在一起又照了一张相片。这两个钟头过得是那么快……

(付研的博客:2011年2月5日)今年过年一定要去看杨绛奶奶,施亮反复对我讲。年初一,我俩去拜年,老人看到我们非常高兴,开玩笑问施亮,为钱爷爷百年诞辰纪念文集写的文章挣了多少稿费。施亮如实说了。奶奶笑着说:"哈,你发了一笔小财。"杨绛奶奶还是那样慈祥、那样俭朴,她身穿的毛衣还是几年前已故的亲家母送的,小吴阿姨说袖子上已经补了很多补丁,她吃的一日三餐就更加清淡了。而她老人家的主要收入却捐献出来作为助学基金。春节前,中央领导人来家探望和慰问,她也只是简单向我们谈起,没有任何炫耀。她兴致勃勃地向我们讲起童年的许多趣事。

每次看望奶奶,都有一次收获。在这浮华的世界,这种淳朴,这种刚毅,这种奉献和真挚的爱,使我们看到了在她内心深处的一种生命活力。

我见到的汪曾祺

　　清明节前,我偕妻子祭扫先君墓茔。临走之际,我又顺便拜谒了汪曾祺先生的墓茔。前些年,我读《福田名人传》时,得知汪曾祺先生也安葬于福田公墓,寻过几回,都未找到,而今年总算如愿了。汪曾祺先生的墓碑在石碑丛中略显殊相,是一块大天然石,镌刻了他与妻子施松卿女士的名字。我在汪先生的墓茔前静伫片刻,心内默祷这位温厚老人的灵魂能够得以安息。

　　其实,我与汪曾祺先生仅有两面之缘。1992年,海峡文艺出版社拟邀请一批著名作家在福州会馆聚宴。海峡文艺出版社要我居中联络,他们开出一批人的名单,尤其指名力邀汪曾祺先生。可是,我与汪先生从未谋面。无奈中,只好向陈建功老师求援。建功老师问我,邀请的这批作家名单里,也有林斤澜先生吧。若有,你只要告知汪先生,林先生已答应去,他亦会应允。我感到奇怪,探问究竟。建功老师又说,汪曾祺先生是一个重情义的人。他曾经参与过《沙家浜》的创作,粉碎"四人帮"后受误解,竟陷入被审查的境地,冷落了很长时间。唯有林斤澜先生理解他,在《北京文学》发表了他的小说《受戒》,还获得了当年度的"北京文学奖",使汪曾祺先生沉寂多年后复出文坛。汪曾祺先生享有盛名后,仍不忘林斤澜先生的这份恩情。他俩友谊甚厚。邀宴之事,只要林先生去,汪先生

181

也会去。后来，我依此口径打电话邀请汪先生，他果然应允了。

　　隔数日，我与海峡文艺出版社的编辑小余赴汪曾祺先生家拜访。那是一幢大楼的一单元三间房屋，器具陈旧，四壁萧然，门厅摆一张旧八仙桌，还放着午饭时吃剩的饭菜。汪先生招呼我们入座，又忙着沏茶。他果然有儒者风度，是温恭蕴藉的那种类型的文人，说话不紧不慢，微笑时眼角的深刻鱼尾纹扩散开来。可能是为了打破我们的拘束感吧，他主动与我谈起共同认识的作家龙冬，又说起他的妻子西藏女作家央珍，他诙谐地说："我夸他，你可为民族团结做一件好事哇！哈哈，娶一个藏族媳妇！"汪先生大概从龙冬兄那里也得知一些我家的情况，又对我说："令尊的译作，我也读过一些。他的一件大功劳就是把外国现代派文学作品介绍给中国文学界。"他笑一笑，又转言道："不过，这些现代派作品，比如'意识流'什么的，我们40年代上大学就已经接触了。不知怎么的，都过去50年，又变成了新的。现在又冒出什么'后现代派'，我真搞不懂，现代就是现代嘛，难道还分前后？"汪曾祺先生说，他年轻时期也尝试过用"洋派"的手法写小说，目前作品仍有受影响的痕迹，但归根结底还是回到民族传统。他说，不要陷在这个派那个派里出不来，最后要写出自己的路子。我们谈了一个多小时，尽欢辞别。汪先生谈及文学主张的一番话，对我教益颇深，至今难忘。

　　到福州会馆聚宴那一天，我与小余依海峡文艺出版社领导之嘱，乘一辆小汽车去接汪先生。汪先生已经在家准备好。不过，他又面有犹豫之色，踌躇不定，拽我一下衣角说："小施，我们到里屋商量点儿事。"我以为他有事缠身，难以赴宴，便问："您是去不了啦？""不，不，我既然答应了，就一定去。"他搓了搓手，显得不安地对我说："是这样的，我想，林先生的年龄大了，身体也不大好。你们这辆车能不能去接林先生，我自己打一辆出租车就可以了……是不是给你们添麻烦了？"我心里泛起一阵深深的感动，立刻说："汪先生，是我们考虑得不周到。我们一定去接林先生。就是我打车，也不能让您打车呀。"汪先生又诚挚地拉着我的手，连说"不是这个意思"，还是他自己打车去最好。这时，小余进屋问明原委，便说那辆大轿车完全可以容下五人，我们共同接林先生赴宴。汪曾祺先生顿时笑逐颜开，呵呵笑着说"那就好，那就好"，匆匆给林斤澜先生打电话了。汪先生那时自然流露出来的孩子般的欢悦真情,十年过去,仍清晰地留在我的记忆里。

还记得,福州会馆的那次作家盛会,有二十余名著名作家参加,如王蒙、李国文、刘心武、梁晓声、郑万隆等诸位先生。这些作家个个神情潇洒,才华洋溢,谈吐幽默,谈笑风生。尤其王蒙先生,以其特有的睿智言语,妙语连珠,引得人们时不时解颐一笑。唯有汪曾祺先生与林斤澜先生,两位老者神情蔼然,矜持少语,老成持重,像黄子平先生的一本书名:"沉思的老树的精灵"。当然,作家们是很敬重他俩的。

我与汪曾祺先生有初识之雅后,深为钦佩他的道德文章,颇想再次登门聆教。龙冬兄与汪先生一直保持密切关系,也答应为我引见。可是,我这个人生性内向,不擅交游,且心有怯意,一日延一日,故耽搁下来。1997年6月某日,我翻阅报纸,忽见汪曾祺先生逝世的讣闻,甚为惊异。迅即打电话给龙冬兄,是他的妻子央珍接的。她详述了汪先生遽然发病去世的经过,并且说已经开过追悼会,很快就安葬了。我未能送别汪先生,实在是一桩憾事。而天人永隔,再也不能亲聆教诲,一睹风采,也许是更大的憾事吧。老成凋落,哲人其萎,缅怀汪先生的君子之风,儒者之风,真是清操可佩,仁义可感。眼望今日之文坛,几许人可有先生之风范呢?令人欷歔不已。

随顾学颉先生学古文

　　1975年，五七干校的人们纷纷回京，政治气氛相对宽松了，便兴起了互相串门。我家旁边的胡同，也是一个小杂院里，住着顾学颉、黎靖夫妇和杨觉、潘漪夫妇两家人，都是父亲的同事，父母两人便时常过去聊天。一天晚上，先父施咸荣从那儿回来，很郑重地对我说，你现在是中学语文教师，一定要认真学习古典文学，才能打好文化修养的基础。他说，他拜托了顾学颉老先生，请他教授我古文。顾老欣然应允，让我第二日上午带着《古文观止》去他家。当时，我刚从东城师范毕业，分配到北京二中当语文教员，颇感力不从心，也就很想进修古典文学，我的心里是极高兴的。

　　顾学颉老先生是人民文学出版社古典文学编辑部的编辑，亦是饱学之士。我从小随父母赴干校，也认识他。知道他是著名的元曲专家，整理注释过《三国演义》、《醒世恒言》、《今古奇观》等古典文学名著，解放以前就在高等院校当教授，古文修养的根底是非常深厚的。向这样一位老先生求教，我心中亦有诚惶诚恐之感。次日上午，我携带了《古文观止》去他家。顾老慈眉善目，温文尔雅，说话也是低声细语。他很和蔼地叫我坐下，又沏一杯茶给我。然后说，他从父亲口中得知我想学古文，他也愿教我。他觉得：《古文观止》是编得较好的古文选本，我们就从这里学起吧。"随即,他翻开此书,选出了《邹忌讽齐王纳谏》一文,很细致地为我讲解着。

《邹忌讽齐王纳谏》一文选自《战国策》,文章很短,意味深长。齐相邹忌是一位美男子,他知道城北徐公也是一位美男子,便问妻子、妾、朋友,他与徐公何人最漂亮。而众人都称他最漂亮。但是,他与徐公相见后,发现自己的容貌并不如彼,由此悟出道理,众人的奉承之语不过是蒙蔽他。他上朝见齐威王,又将这个道理深刻阐发,劝齐王多听不同意见。果然,齐王纳谏后励精图治,在诸国中称雄。我读过这篇文章后感觉很新鲜,留下极深的印象。中国人常不愿意自省,尤其不愿听批评自己的话,人际交往时只是互相奉送一些谀辞,于是盲目自大,拒绝谏言,便造成可悲的后果。这其实也是专制文化传统的后遗症。顾学颉老先生在1957年鸣放时给领导只提一点儿意见,便被戴上"右派"的帽子,对此想必是感慨尤深。

当时,顾老讲解一遍这篇文章后,就要求我背诵下来。他说,学习古文为加强印象,一定应当多背诵,而且古文字句铿锵,抑扬顿挫,背诵时亦是一种享受。他希望我下一回来,能熟练地背诵全文给他听。数日后,我又至顾老家承教,便先背诵此文。顾老双目微闭,听我在几个关节处打磕巴时,稍稍点拨一句,根本不去翻阅原文。可以看出,顾老对此文是烂熟于心的。以后,顾老又教授了李密的《陈情表》、诸葛亮的前后《出师表》、归有光的《沧浪亭记》等,都要求我背诵下来。他说,若想学好古文,当以自学为主,遇到难解的词句,查注释便可明白。但要掌握古文,就该多背诵,只有将那些美文佳句长存于记忆之中,烂熟于心,才能训练培养出较深的古文根底。所以,学过几篇古文后,他就让我自学了,由他圈出十余篇文章,要我再背诵下来,倘有不明白处可再去问他。我记得,他圈下的文章有司马迁的《报任安书》等。他还告诉我,应该多读读《史记》,司马迁的文章语言简洁生动,具有艺术性。

我听父母说,顾学颉老先生的岳父曾经是毛泽东在长沙时代的老师。我甚为好奇,有一回问顾老,黎老先生是毛主席在长沙师范的老师呢,还是长沙二中的老师?顾老微笑不答,对我说:"咱们不谈这件事,好不好?"他颇有儒家士大夫的人格风范,不愿意以此而自炫。

诗词名家陈迩冬

　　前几日，少年时的学友陈殿赠我一册《陈迩冬诗词》的线装书，蓝色封面有黄苗子先生的题字。我得之欣喜异常。以前，我也曾经读过陈迩冬先生的诗作，却是人们手抄传诵的。翻阅此书，我即找出了过去抄的那几首诗，即《观李慧娘》的六首绝句。

　　陈迩冬先生原是人民文学出版社编辑，与先父施咸荣是同事，不过他是在古典文学部，先父是在外国文学部，彼此较少来往而已。后来，去五七干校，大家都在一个连队。当时我的印象，陈老是一位颇具儒雅气质的老夫子，沉默寡言，学识渊博，古典文学根底深，望之俨然。即使有时劳动歇息，也常见他捧一册书在手。据陈殿说，陈老少年就嗜好读书，家里给他两块大洋的零花钱，他去买了一套《古文观止》，一生都带在身边。到了干校后，他与女儿通信，谈到读书时谆谆告诫说："世界上任何东西都可以被人抢走，只有学问不会被人抢走。"他主张要让学问真正"入肚"。

　　陈迩冬先生曾经也是一位新诗人。他的新诗《猫》、《空街》等被闻一多辑入《现代诗选》。他年轻时创作才华洋溢，还写过历史剧、叙事诗和短篇小说集等。1937年抗日战争爆发，他积极参加救亡运动，为电影纪录片《台儿庄大捷》撰写解说词。他还冒着炮火率团奔赴衡阳战场，慰劳前线将士。次年,他加入中华全国文艺界抗敌协会,先后任桂林分会和重庆分会理事、监事。当时,他在桂林主编了文艺刊物《抗战艺术》、《抗战时代》、《前锋》、《风雨》和诗刊《拾叶》。他于1942年6月在桂林认识了柳亚子先生。陈迩冬先生精于古典诗词,柳老一见,大为赏识。两人时常互为唱和,互赐佳作。以后,陈迩冬先生主编《大千》杂志,设有"大千诗词"专栏,每期都刊登柳老的新作,还有柳老的《五十七岁自传》也载于该刊。而且,以《大千》为中心,形成了熊佛西、端木蕻良、尹瘦石、朱荫龙、李白凤等文化人的圈子。1945年抗战胜利,陈迩冬先生又追随柳亚子先生,参与组建了"三民主义同志联合会",即"民革"的前身。也就在这一年,重庆进步文化界发表了《文化界对时局进言》,陈迩冬先生毅然在《进言》上签名。以后又发生了"李公朴、闻一多被害事件",陈迩冬先生立即通电表态,慰问烈士家属,参加并发起组织了重庆市的追悼大会。

1948年,陈迩冬先生回到桂林,任广西艺术学院教授,同时主编《广西日报》的两个副刊。但不到一年,他受到反动统治当局迫害,只身前往香港。两月后,他又从香港乘海轮北上,到北京参加了第一届全国文代会。以后,他在山西大学任教授四年,又调回北京人民文学出版社。新中国成立后,陈迩冬先生曾经编著了《苏轼诗选》、《苏轼词选》、《韩愈诗选》、《闲话三分》等书。我记得,20世纪80年代初,有一次在钱钟书家,我无意中提及自己正看陈老编的《苏轼词选》,钱先生点头赞赏道:"噢,陈迩冬编的!那是有质量的。"钱先生并不是对所有现代编本都认可的。

"四人帮"被粉碎后,聂绀弩老人的《散宜生诗集》出版,在文化界引起轰动。聂老在自序中特意提到了陈迩冬先生,称他为老师。其实,聂老在20世纪50年代曾经担任过人民文学出版社副总编辑,还直接领导陈迩冬先生的古典文学部呢。后来,陈迩冬先生给友人的信中提及聂绀弩、冯雪峰、钟敬文三位老作家向他请教古典诗词之事:"聂绀弩有《我与诗》一文,那是最早'揭发'我对他写诗当'老师'的事,载《文汇月刊》第六期(按为1982年第6期)可参看。老朋友要这么说,有什么办法,当时冯雪峰也学旧体诗,钟敬文学词,皆问道于我,聂、冯、钟三位大哥都比我大十岁,我何敢为'师',只是有所咨询,不敢不答罢了。"

前思后量

1983年年初,陈迩冬先生与一些著名学者办了一个刊物《艺文志》,拟用新观点来研究和整理国故,编委有聂绀弩、王利器、舒芜、端木蕻良、周绍良等。此刊在山西人民出版社出版,只出了三期,因为不赶时髦,不久即停刊了。据说,陈迩冬先生出版了第二期后,还计划以此刊为基础,办一个编辑补习班。因此,他还在崇文门便宜坊烤鸭店请客,请一些老编辑具体商议此事。但很可惜,《艺文志》流产了,编辑补习班自然也办不成了。那时,陈迩冬先生已经年近古稀,仍然拳拳以培养合格的文艺编辑为念,仍然孜孜以研究古典文学事业为念,我们后人应该领悟他的一番深意。

附文:关于《艺文志》
马斗全

3月2日"笔会"施亮先生《诗词名家陈迩冬》一文,谈到了《艺文志》。施先生说:"1983年年初,陈迩冬先生与一些著名学者办了一个刊物《艺文志》,拟用新观点来研究和整理国故,编委有聂绀弩、王利器、舒芜、端木蕻良、周绍良等人。此刊在山西人民出版社出版,只出了三期,因为不赶时髦,不久即停刊了。"但《艺文志》不是刊物,是由山西人民出版社以丛书形式出版的,所以叫"辑"不叫"期",据第一辑公布的名单,编委成员为端木蕻良、舒芜、曾敏之、黄苗子、顾学颉、罗继长、张友鸾、周绍良、陈迩冬、李易。陈迩冬先生为主编,罗继长是山西人民出版社副总编辑。编委的排名,虽也以姓氏笔画为序,但不是通常的那种,而是笔画由多到少。《艺文志》在山西出版,与陈迩冬先生曾任山西大学中文系教授,在山西文化界有些朋友不无关系。

说《艺文志》拟用"新观点来研究和整理国故",似亦未确。《艺文志》书名取自《汉书·艺文志》,主要为研究丛书。第一辑的"卷端致语"明确宣称:"研究中国古典学艺的各门各类","从《汉书·艺文志》的九流十家,到《四库全书》的四部四十四类,都是我们设想的研究范围"。研究的范围相当广,但不包括现代和外国的学艺。可知《艺文志》是继前代学者之传统,研究传统学问的,而偏重于古典文学。第一辑28万字,几篇古典

188

文学论文外,有贾兰坡的《人类起源新探》、黄苗子的《八大山人年表》和杨树达关于汉语语音史的文章。

因陈迩冬先生等创办《艺文志》的事,使我想起,更在《艺文志》之前,陈迩冬先生还和舒芜、聂绀弩、孙玄常、荒芜等诗人,筹划出版诗词合集《倾盖集》。编就之后,叶圣陶先生1980年春曾题《满庭芳》词予以盛赞。但在当时,正式出版旧体诗词集谈何容易,几经周折,延至1984年,才得于福建人民出版社出版。此书之出版,引起很多人的关注,在诗词界影响较大,从此开出版个人诗词集之风气。

当时因种种原因,《艺文志》举步维艰,创办没多久就夭折了,至今思来甚令人惜。多么希望如今能有研究机构或热心于传统学术的专家,趁现在"国学"大热,恢复《艺文志》或创办类似的研究刊物,把喧嚣转为沉稳,多作出些切实的贡献。

哲人的逝影

2009年过春节时，我看望杜高先生，才得知陈乐民先生逝世的消息。我下意识地说："这不可能吧？前些日子，我还看到他的文章呢。"杜高先生肯定地告诉我，他已在报纸上看到纪念文章了。回家路上，我的脑子混沌一片，心中似有一丝隐痛，又有莫能名状之感。这一时期，我一直埋头写自己的作品，疏于关注时世，也不大看报纸，谁料到竟在这一月之前，自己尊敬的陈乐民伯伯遽然离我们而去呢！

到家中，我立即给资中筠先生打电话，约时间探望她。隔两日的下午，我见到了资中筠先生，她似乎有倦怠之感，先带我参观了新居。这是她女儿陈丰将两套旧居出卖后，又换到一套面积较大的房屋。陈乐民先生挺喜欢，书房大了，写字台大了，还增添了一些新家具。可惜，陈先生在新居只住了三个星期，就病重入院了，再也没回来。陈先生先被送到协和医院急诊，未能入住病房，只好转到东方医院，医病的环境及治疗条件未能尽如人意，再加上病体衰竭，入院一月后即去世了。资先生说，他们夫妇俩早就约定好，身后事一切从简，所以既未搞遗体告别仪式，也未开追悼会。她也不想铺张地搞纪念活动，陈先生尚有一些遗稿未发表，她与陈丰正在整理，发表和出版那些作品就是对陈先生很好的纪念了。资先生还拿出三联书店新出的《欧洲对谈录》，这是陈先生与一个外籍学者的对话，可惜陈先生未及看到样书。

这天下午，我和资中筠先生聊了挺长时间，话题很多也很放松。只是我脑海里时常出现一个念头，若是陈先生在座，那该多么好啊！陈先生和资先生夫妇是先父的老友，他们拿我这个小辈也不当外人，真是无话不谈，民瘼国运，文坛逸事，时事新闻，及至评人论史，经籍典故，海阔天空。陈先生颇具儒雅之风，温恭蕴藉，包容通达，较多是持平之论，很少极端之言，却很让人钦服。还记得，我上一次看望陈先生和资先生，已经是三年前。我抱怨说，目前文化界许多时新之论几乎使知识界越启越蒙，甚至蒙而且昧了，一堆疙瘩文字再加一片糊涂概念，有时作者把自个儿也绕进去，可那些神秘玄思却离人文精神越来越远了。

陈先生支持我的看法，他说现在还是应该讲启蒙精神，有人认为18世纪的那些哲学理论已经是旧货，早不适应现在时代了，他不那么看。问题是我们对那些"旧货"了解还太少呢！他担任社会科学院西欧所的所长时，曾经向青年学者推荐帕斯卡尔的《思想录》，许多人都没有看过。他问我看过没有。我承认自己没有读过。他感叹道，不少青年知识分子轻视18世纪欧洲启蒙思想，并不理解18世纪欧洲的早期启蒙思潮是诸多理论交汇的结果，是错综复杂又博大精深的。后来，我买了一本《思想录》，那种格言式的短论颇能启人哲思，它成了我最喜欢的几本书之一。

陈乐民先生的文章，也是我最爱读的。他的文章一点儿也不像是研究西欧哲学的学者所写，而是文采斐然，文思流畅，清明如水。可是，文中又蕴藉着哲思，很耐人寻味。我尤其爱读他的那些中西方文化比较的文论，陈先生国学根底极深，乃至我的一位朋友认为他是儒学专家。不过，陈先生也确实能称得起这种赞誉的，起码他的许多观点要比某些国学大师更言之成理。而且，正是读了陈先生的那些文章后，使我与一些朋友抛弃了对传统文化的偏激情绪，也采取了审慎和包容的态度，这是我们要深深感谢陈先生的。

屈平辞赋悬日月，楚王台榭空山丘，处于灯红酒绿社会的人们是很难了解这诗句的深意的。我想，陈先生在那一套较宽敞的新宅仅住了三星期,这不见得是他最为遗憾的。他深憾的是我们,未必能接受他的一片苦心,未必能看懂他的文章,未必能理解他的思想。呜呼,天丧斯文,哲人其萎,老成凋落,其谁能后?

一棵雪松

雪松是国家级二类保护植物,它也是世界园林的五大明星之一,与我国的金钱松、日本金松、美国红杉、智利南洋杉,一样蜚声寰宇。它的老家在喜马拉雅山,又称喜马拉雅杉。它的树身挺拔笔直,躯干几乎同样粗。轮生的枝条向四周辐散,一层又一层如伞状,树梢微微下垂,具有雍容的风度。灰白色新枝叶随枝干茂密成簇长出来,又相衬出浓绿的老枝叶,雄健的树姿更显得优雅高洁,庄严华贵。

在一所大学校园里,种植着一棵雪松。它使我联想起一位杰出的女性,被许多人崇敬和怀念的教授。

雪松的特点之一是刚直与坚强。在凛冽的狂风中, 在严寒的气候里,甚至在干旱的条件下,永远是泰然和傲然,能战胜恶劣的环境,所以,人称它是"松家的硬骨头"。这位教授就有着雪松一样的性格。在那场"史无前例"的大劫难里,她的亲人被迫害致死了,某些人故意把她叫到亲人尸首旁,企图刺激她的神经。她默默走过去,没有晕倒,没有号啕大哭,没有流泪,肃穆地望了尸首一会儿,就走开了。她仍然镇静如常地做着自己该做的事情。从此,她把悲哀深埋在内心,疾恶如仇的性格却更坚定了,不屈地向各种丑恶现象进行斗争。人们都说她眼里揉不下沙子,什么拉关系走后门啦,利用职权为自己牟私利啦,在她那儿永远通不过。这些狭促与卑微的行为,在她那颗伟大灵魂烛照下,再也难以施展出所谓的"神通"了。

从雪松木材里,可蒸馏出一种油脂,是抗腐防潮的好涂料。这是雪松的又一特点。它活着,不仅仅让人们观赏它的优美树姿,而且奉献出生命的汁液为让人们服务。这位教授的一生也是这样。她没有亲生子女,却交付出全部心血来培育学生们,对待学生如同自己的亲骨肉。她的工作是默默无闻的,是艰辛的。但是一批又一批出类拔萃的人才被造就出来了。爱的种子必定开花结果。在她的遗体告别会举行时,我看见一排又一排年轻大学生掩面痛哭,他们把自己买来的鲜花一束又一束堆放在她的遗体前。她的一个博士生学生从伦敦赶来,专程参加遗体告别会,还有各地雪片般飞来的唁电和唁信……

她去世后,人们将她的骨灰埋在那棵雪松的脚下。俄国作家帕斯捷尔纳克说过,他深信,死亡不是终结,只是一种形态过渡到另一种形态。那位教授的骨灰埋进土壤里,与土壤共同滋养了雪松,也就成了雪松的一部分。这对她来讲,是一件欣慰的事情。因为,她有着雪松的品格,而雪松又融进她的灵魂。

注:此文发表于1997年5月3日的《北京晚报》。它是为悼念钱钟书先生的女儿钱瑗教授所写。当时,我未写出她的名字,是因为钱钟书先生尚在医院患重病卧床,不知道钱瑗已经病逝。杨绛先生嘱我们不要透露出此不幸的消息。

今之君子韩少华

　　我是北京二中的学生,也在北京二中当过三年语文教师。我在二中留校,也有韩少华老师的举荐,这是我一生难忘的。当时,虽然韩少华老师已经调离北京二中到区里编教材,但他在北京二中教师们中的威信仍然很高。北京二中语文组一直在教育界是饶有名声的,他们为北京二中这个人才摇篮培养了一代又一代精英。在师辈们中,曾经流传过韩老师的许多逸闻传说。我才得知,韩老师原来也是北京二中学生,因患病未能考大学,就留校当了老师。他在任教期间,不仅勤奋自学读完大学课程,还业余创作了一些作品,如20世纪60年代在《人民日报》发表了散文《序曲》,经过中央人民广播电台配乐播出,影响很大,这是韩老师的成名作。在讲台上,韩老师也很受学生们欢迎。他富于才华,授课生动形象,语言也颇具表现力,是北京中学教师中的名师之一。

　　不过,更让我感动的是邻居赵哥讲的一段经历。他也是"文化大革命"动乱中的北京二中学生。上初中时,班主任就是韩老师。那时韩老师刚从牛棚中被解放出来,有一次上课不知怎么得罪了一位红卫兵小将,那位小将竟冲韩老师破口大骂,气得韩老师在讲台上心脏病发作。赵哥与另一同学都是家庭出身不好的学生,对韩老师甚为同情,便搀扶韩老师去了学校医务室,且看守照顾多时。从此,这两个学生与韩老师形成了特别亲密的关系。他俩毕业后当了工人，仍然时常去韩老师家探望，甚至自己的私事也向韩老师请教。据我所知，在韩老师周围有着这么一群学生，他们向韩老师敞开心扉，无话不谈，彼此既是师生，又是挚友。以后，在这位邻舍赵哥的新婚典礼喜筵上，我父亲与韩老师得以有初识之雅。我父亲盛赞韩老师温文尔雅，谦恭蕴藉。他感叹说，韩老师颇有古士人之风，我原以为"文化大革命"已经把这种清操风范一扫而光了，现在看到还是有人在坚持，我心中就有希望了。

　　我与韩老师的私人交往不多。虽然当时有不少机会可以登门聆教，但我生性内向，不擅交往，也失去了拜师的良机。我与韩老师仅有一回深谈，记得是在20世纪90年代初，我的长篇小说即将出版，请著名作家陈建功老师写了序言。一日，陈建功老师打电话给我，说他已经与主持《散文》杂志的韩老师讲好，要将此序言发表。他要我把那篇序言当晚送到韩老师家中。我与韩老师已有多年不见，那天晚上彼此寒暄几句，却很自然又将话题扯到文学创作上。韩老师真诚地讲，他在"文化大革命"前就搞创作，写过单弦也写过散文，当时是较为重视文采的华美形式和文字雕琢的。新时期他又重新开笔，风格发生很大变化，更加重视思想意蕴的深厚。他既写报告文学也写小说，当然写得较多的还是散文，这算得他创作的丰收时期。我颇带感慨地说："现在我有些青年作家朋友都相信'后现代派'理论，认为文学创作只是个人生存欲望的述说，应该褪去宏大哲学与深刻思想的理念重负。我不很同意这种观念，但它在文艺界很流行。"韩老师笑着说："我也看过这类的文章，如今是一个异彩斑斓的时代，大家都进行着不同的思想探索。可是我个人还是比较传统的，更相信道德文章，也就是做人与作文的统一。"当时我们聊得很随意也很知心，还谈及文艺界的某些人和事情，慨叹人文精神家园的凋零景象。我一直谈到很晚才回家。

　　我的书不久出版了，也曾经想送韩老师一本，却听说韩老师突患中风病重入院了。我以后一直通过原来北京二中的同事友人关注着韩老师，尤其是读到他病中写的那些文章，真是又钦佩又感动。韩老师患病后仍然以坚韧不拔的毅力写作，并且练习左手写字，他是用心血和生命来写作的。他的文章清新婉约、文字隽永，尤其让人激赏的是那充溢纸面的一片真挚之情。我知道，韩老师已经进入著名的"京味作家"之列，他的小说《红点颏儿》及散文《喝豆汁》成为"京味文学"的经典作品。可是，综观韩老师的作品，无论是早期写的曲艺，还是最拿手的散文，或是艺术上极有特色的小说，或是思想意蕴深厚的报告文学，我们都能从中领会到他极具人格特色的生命感受及审美体悟，以及其中绵长的人文关怀。在2003年的中秋节，我们一批朋友在亦庄学校庆祝韩老师的七十大寿，他送了我一本书《遛弯儿》，并在扉页上题词："施亮好友：祝你好运！韩少华，2003年中秋节。"我一直珍藏着这本书，并且阅读多遍。前些天，得知韩老师逝世的消息，我很悲痛，又重新将此书读一遍。我想，韩老师的一生是坎坷的，又是光荣的。他正是以"遛弯儿"的姿态，走过了艰难的命运道路。他的每一篇作品又像是一个清晰的脚印，映出了"当今君子"的精魂！

美国所"三剑客"

前思后量

2004年9月,我与妻子一起去看望梅绍武、屠珍夫妇。在客厅稍坐片刻,我们看到屋中放了一张梅兰芳的便装旧照,还有几张着戏装的照片。又至梅绍武叔叔的书房,他还似旧日的模样,除了多一些白发,面庞更显得消瘦。他见到我们,无限感慨地说,我的先父施咸荣与他及董乐山伯伯三人,都是搞英美文学的翻译家,又是好友,以前人称是社会科学院美国研究所的"三剑客",如今这"三剑客"中的先父与董乐山伯伯俱已相继去世,只剩下他自己了。他回忆起不少往事。那天,我们谈得很愉快,直至很晚才告辞出来。梅绍武叔叔还赠送我三本新出版的译作及一部论文集《西园拾锦》。

后来,2004年11月8日在商务印书馆召开的"施咸荣翻译学术研讨会"上,梅绍武叔叔还提起了"三剑客"的往事。20世纪80年代初,也就是美国所成立前后的时期,他们三人走到一起,既是关系要好的同事,亦是共同切磋学问的好友。那时,我家中常有学者名流荟萃一堂,最常见的就是梅叔叔与董伯伯。梅绍武叔叔温文儒雅,蕴藉含蓄,一口标准的京腔,颇具世家公子的矜持风落,谈吐中不乏幽默的意趣;董乐山伯伯意气昂藏,风神倜傥,普通话里略含吴音,时不时与父母讲几句上海话。他是真正的性情中人,才华横溢,清高傲世,兼有作家与学者的风度,在

198

诙谐的言语中又时常含有嘲讽的锋芒。

在2005年《中华读书报》连续刊登了"开放的翻译家人物谱",其中就有这"三剑客"。编辑对我说,开设这一专栏,是为了介绍一批对改革开放有贡献的翻译家。父亲与董乐山伯伯、梅绍武叔叔三人是先后排列在一起的。父亲较早地与董乐山伯伯相识。他调入美国研究所,还源于董乐山伯伯的推荐。那时候,董乐山伯伯已是一位很有名望的翻译家了。我读过他参与翻译的《第三帝国的兴亡》,使我对纳粹德国的历史有了深刻、完整的印象。他翻译的《西行漫记》,也是中译本中译笔最佳、流传得最广的一本书。还有他翻译的《一九八四》这部小说,在文化界影响也是很大的。他在进行翻译工作时,仍然不忘自己"普罗米修斯盗火"式的启蒙使命,被一批青年知识分子所景仰。我知道,董乐山伯伯在40年代的老上海,已是饶有名气了。他以"麦耶"为笔名,写了不少电影、话剧的剧评文章,还写过小说、诗歌。从左翼文学青年到50年代被打成右派分子,他经历了一条艰难的思想历程。他多次跟我讲起,如此的苦难磨炼,更深化了他的思想。我读过他的随笔集《译余废墨》和《边缘人语》,文笔娴熟纤巧,思想锋芒锐利,很受当时的读者们喜爱。

父亲在20世纪70年代中叶从干校归来,又默默地重新开始研究英美当代文学。他搞到一个内部借书证,常去北京图书馆借阅外文书,总要拎着沉甸甸一皮包书籍回家。一天傍晚,他告诉我们认识了梅兰芳大师的公子,竟然也是一位研究英美文学的学者!父亲对梅绍武叔叔甘于寂寞的治学精神向来是很钦佩的。他一直孜孜不倦研究西方戏剧,对尤金、奥尼尔的戏剧,以及阿瑟、密勒、田纳西、威廉斯等一批剧作家都有着精辟与系统的研究,可以说是国内研究美国戏剧最有成就的专家。他还对"当代小说之王"纳博科夫的作品也有深入研究。80年代初,他就翻译了纳博科夫的名作《普宁》。我阅读此书不下十余遍,几乎快翻烂了,从中汲取了许多艺术养料。去探望他的那天,梅绍武叔叔又送我一本纳博科夫的小说《微暗的火》。他说纳博科夫的作品深奥难懂,翻译时很费力气。他译此书从1984年始,至1997年才完成,断断续续花了13年时间!我感慨尤深,当下能有哪一位年轻翻译家具备这种甘于寂寞，静心做学问的精神呢？我的朋友、评论家彭俐对我说："这些老一辈文化人，是最后一批士大夫。"对于这样的论断，我不愿相信，可是又不得不信。

想起一套丛书

我书架上摆着一套书，是作家出版社20世纪80年代中期出版的一套丛书，名为"文学新星丛书"。第一辑按发稿前后为序的书籍有：阿城的《棋王》，王兆军的《蝌蚪与龙》，莫言的《透明的红萝卜》，刘索拉的《你别无选择》，何立伟的《小城无故事》。如今看这一批作者，已经都不是"文学新星"，而是"文学明星"了。丛书中收的一部分作品，也已成了新时期文学史的名篇佳作。这些书我读了许多遍，真是回味无穷。

先父施咸荣是研究英美文学的学者，很少读当代文学作品。1989年4月他将第二次赴美讲学，临行前要我帮他找一些中国当代文学作品，作为他讲学时的参考。我推荐了这一套丛书，他津津有味花几天时间读完。我记得，他对阿城的《棋王》，还有莫言、何立伟的几个短篇赞不绝口，说是青年作家人才辈出，已达到了较高的艺术水准。后来，他因为要在美国讲解中国年轻作家中的"现代主义"倾向，还拿走了刘索拉的《你别无选择》。他到伯克利讲学时，又转赠一位研究中国当代文学的美国学者。所以，我的书架上至今缺此书，颇感遗憾。

这套书的编辑是石湾先生。我以前很少注意书籍编辑的名字，可是这一套丛书精美雅致，我爱不释手，反复阅读，便记住他的名字。20世纪90年代初，我的中篇小说《无影人》被《作家文摘》连续转载，有个朋友告知我,我打电话向编辑部询问,恰巧接电话的人就是石湾先生。我立即向他表示仰慕之意,我们聊了约20分钟。我真心地尊敬他们。新时期文学事业里,正是有那些颇具眼力的编辑辛勤地劳作,一批文学新苗才可能成长为参天大树。

如今,这一套丛书可说是珍藏版了,书店里再也难以买到。直至20世纪90年代中期,类似丛书也还出一些,已是极寥落了。可惜,近几年间这样的丛书在书市上已见不到了。不仅年轻作家的中、短篇小说集很少出版,连那些具有鲜明艺术特色的长篇小说也难以出版了。可以说,书店的大量新书中,充斥着时尚文化及商业化消费趣味的读物,而极少有真正的文学作品。面对如此状况,像石湾先生这样的老编辑们,即使组到了有较高水准的稿件,又有哪个出版社愿意问津呢!

2004年7月中旬,我赴山西灵丘采风,认识了当地的作家房光先生。文联举行的饯别宴会上,他放喉连唱了几首山歌,那颇浓厚山野韵味的歌声在我耳边缭绕不绝。我明白,他的确是有艺术功力的。房光先生长期根植农村辛勤写作,还担任过副镇长。他出过一本书,中篇小说《莜麦谣》还被译为多种外文,受到国外评论家的好评。他新近创作了一部反映当代农村生活的长篇,正辗转于几个文学刊物间。他以后写给我的信中说,他不存望编辑采用它,只希望编辑处理稿件的速度快一些,"也好让它多闯荡几个地方。稿件有时候太像一个流浪汉了"!语气是颇苍凉的。我也只好回信劝他,不要着急,好作品终必会出版的。其实,这也不过只是慰藉之言而已。我深深地同情他,可又无力相助。

我曾经在《中国青年报》发表致一位作家的公开信中说,在这个扰攘的世界里,诱惑实在太多,一些知识分子忘记了知识,一些作家也忘记了文学,我感到悲哀。我甚至提出质疑,作家以后会不会成为一种让世人讪笑的职业呢?现在看来,这一番话也有偏颇,有些事情不能仅仅责备作家。甚至,也不应该仅仅责备编辑,不应该仅仅责备出版社。这个时代,作家不光像流浪汉,其实更像个乞丐,这儿伸伸手,那儿伸伸手,乞讨我们心目中的文学。

当然,就我个人来说,我还是愿意最后坚守在文学这片土地上。可我,又怕自己坚守的土地却没有了土壤,而只是沙漠。

关于黄皮书

　　前一时期，曾经有许多书籍与文章谈到了在特定历史条件下所产生的黄皮书。其实，"黄皮书"是后人的称谓，而当时则是名为"内部书"。先父施咸荣与他的同事黄爱先生都在人民文学出版社编辑部工作，为了研究与介绍西方现代文学的各种流派，20世纪60年代初共同主持编辑了这批书。这些书是限定发行范围的，仅供文艺界一定级别的领导与研究西方文学的专家学者做"内部参考"之用。

　　父亲与黄爱先生（笔名黄雨石），以及另外一些同事，曾经合译了《在路上》，这是美国"垮掉一代"的代表作，也是杰克·克茹亚克的成名作。不过，父亲不太喜欢此书，认为它的文学性很差，许多枯燥的重复描写与烦琐的旅途见闻，几乎让人难以卒读。翻译此书时，他们删掉了一些章节与片段，倒不是由于某种禁忌，而是觉得此书的结构和语言太粗糙，只出版这个节略本也就够了。改革开放后，上海文艺出版社出版了《外国现代派作品选》，节录了《在路上》的一些片段。当时，父亲也有意将全书翻译过来，或起码将1962年出版的节略本补全。可他翻了翻英文原作，又搁置一边了。我问他为何又改变主意了。他说此书写得乱七八糟，翻译起来太倒胃口了。

　　我的印象中，贝克特的荒诞派剧本《等待戈多》，也是父亲在20世纪

60年代翻译出来,以黄皮书形式先出版的。贝克特原籍爱尔兰,长期定居巴黎,以法文写作居多。这个剧本是父亲从法文原作中翻译过来的。解放前,父亲曾经毕业于上海天主教会的圣芳济学院,有一定法文根底,以后也翻译过一些法文书籍。他翻译《等待戈多》,也有锻炼自己法文翻译能力的打算。20世纪80年代以后,荒诞派戏剧一度引起国内文艺界的浓厚兴趣,《等待戈多》数次被转载,比如在《外国现代派作品选》、《荒诞派戏剧集》、《世界经典戏剧全集》里都被选用。遗憾的是,我家里原版本的黄皮书找不到了。以后,人民文学出版社编辑"大学生必读"丛书中,又重新出版了《等待戈多》的单行本。

特别值得一提的是,黄爱先生为出版这些黄皮书作出了重要贡献。他翻译了《愤怒的回顾》、《椅子》、《老妇还乡》等一批现代派剧本,而且为《在路上》、《往上爬》写了"译后记"。英国作家约翰·勃莱恩著的《往上爬》一书,是"愤怒的青年"另一部有代表性的作品。这部书描写一位青年抛弃了旧情妇,勾搭上资本家的小姐,"以女人为阶梯",爬向社会上层。它表现了第二次世界大战后,英国社会中一代年轻人的迷惘与痛苦情绪,成为风行一时的畅销书,不仅翻译成多种文字在世界各地发行,还被改编成电影在1959年莫斯科电影节开幕式上放映过,俄语电影片名译为《进入上层社会的道路》,在香港放映时则译为《金屋泪》。

出版黄皮书之事仅做了几年,不久政治气氛紧张,又大抓阶级斗争,此事遂停止。父亲他们先是放下手头的业务去参加"四清"工作队,接着"文革"动乱来临,人民文学出版社几乎所有的编辑业务都停止,开始了没完没了的斗争。在"文化大革命"中,黄爱先生被安上莫须有的罪名,戴着"现行反革命分子"的帽子,在单位挨整了挺长一段日子。

"文革"后期,我也读过另一本时髦的黄皮书《带星星的火车票》,是20世纪60年代苏联颇走红的青年作家阿克肖诺夫的作品。一些苏联文学评论家认为,《带星星的火车票》在主题和艺术风格上受《麦田里的守望者》影响很大。不过,由于那时我们国内社会文化风气闭塞,中国青少年未必能理解塞林格笔下的美国社会及青少年的精神世界,倒是阿克肖诺夫描写的苏联社会比较贴近当时中国读者的社会文化心理(也因为50年代中国大量出版苏联小说)。所以一段时间内,许多中国读者心目中,《麦田里的守望者》的社会影响反而不及《带星星的火车票》。但是数十年匆匆过去,如今在书店里哪里还找得着《带星星的火车票》呢?这个文化现象充分说明了,随着时代的变化,人们的文化心理也发生了巨大变化。

《围城》的旧版本

《围城》一书已经印了多少版,我不知道。但是,此书确实可称为是"现代经典"了。许多读者喜爱这本书。我认识一位朋友,任解放军总参谋部的高级军官,放假休息时又将《围城》精读一遍。他说:"已将此书读过多遍,每读一回都有无限乐趣。我的女儿在大学读书,也说同学们嗜读《围城》,几乎人手一册。她放假时又到书店买一本新版《围城》,带在身边,还专门请杨绛先生在扉页上盖了印章。"

我的家中有一本人民文学出版社1980年版的《围城》,扉页上珍贵地留下钱钟书先生的题字:"咸荣贤友",然后是他别具风格的签名,并盖了印章。这书当然算是一种珍藏本了。不过,还有另一种珍藏本更为宝贵,就是1947年初版的上海晨光出版公司的版本。年长日久,封面已经破损,上面有"晨光文学丛书"的字样,下方有一幅图画:一位半秃顶知识分子模样的男人,手持烟斗,背后是一女人的侧影。这一旧版本是先父的好友杨仲德先生保存的。杨仲德先生是外国文学研究所的研究员,研究俄罗斯文学的学者,他的书房里存有大量新中国成立前出版的现代文学作品。他因为知道父亲是钱先生的学生,就把这本珍贵的书赠送给父亲。这使得我有幸在16岁,"四人帮"横行的1973年就读到了此书。后来,在1976年的大地震后,我和父亲一块儿去地震棚看望钱先生,我无意中说起也读过《围城》。钱先生吃惊地瞪大眼睛问:"你怎么会看到过《围城》?"

晨光出版公司的版本与人民文学出版社的版本颇有不同,除了钱先生在"重印前记"中所说,他在重印后校看时,"也顺手有节制地修改了一些字句"外,而且,"《序》里删去一节,这一节原是郑西谛先生要添进去的"。他轻描淡写说,在美国出版的英译本里,"那一节已省去了"。我翻了一下晨光的版本,所删去那一段原文如下:"承郑西谛李健吾两先生允许这本书占去《文艺复兴》里许多篇幅,承赵家璧先生要去在'晨光文学丛书'里单行,并此致谢。好朋友柯灵、唐弢、吴组缃、卞之琳几位先生的奖励,以及读者的通讯,批评者的遣责,都使我感愧。我渐渐明白,在艺术创作里,'柏拉图式理想'真有其事。悬拟这本书该怎样写,而才力不副,写出来并不符合理想。理想不仅是个引诱,而且是个讽刺。在未做以前,它是美丽的对象,在做成以后,它变成残酷的对照。"发现钱先生删去了这一节文字,我内心里有过疑问,此中可否有什么"隐情"吗?大概是有的。我没有就此事问过钱先生。不过,我相信,问了也是白问的。那么,这个"隐情"还是作为一个悬疑,留待那些专门研究"钱学"的人去索隐一番吧。

顺便再提一事。《随笔》2005年第1期中的一篇文章,披露了在20世纪50年代陈寅恪、梁思成、谢冰心、钱钟书四位著名知识分子的一些言论,这些材料是鲜为人知的。尤其此文中所列举的高教部关于知识分子的那份调查报告,更难得一见。这是作者在旧书摊上找到的会议简报,应该是真实的。但调查报告中摘引钱先生的言论(包括批评"毛选"的那些话),却是别人的栽赃,并不是钱先生自己的"直言"。据说,是一位有名的学者所为。他诬告了钱先生后又不承认此事,就成了一桩无头案。而且,这桩无头案未经调查核实又放入钱先生档案,还作为他"反动言论"的依据引进调查报告。关于此事,我曾经听父亲说过。杨绛先生在《干校六记》最后一章也提及此事的始末,又在《丙午丁未年纪事》一文的第四节"精彩的表演"里再次提到,群众开批斗会质问此事,杨绛先生据理力争,被人斥为态度不好,还让她戴高帽、敲铜锣,在学部大院中游街一圈。在那种严酷的政治气氛下,她敢于挺身辩诬,已经是很硬气了。

此外,论及那些高级知识分子的内心世界,我以为由于当时复杂严峻的社会环境里,对他们的分析也该是复杂的,应该因人因时因势而言。比如,评判这些知识分子的品格,并不该只看他们是否"直言"。而有些所谓激烈直言的人,政治压力一来,立即转向,痛哭流涕地否定自己,甚至还拼命咬扯别人。还曾经有些人认为钱先生软弱和世故,其实这种看法是片面的,诚如那篇文章作者所说的,"因为我们只知其一不知其二,我们以目前所见的公开史料来判断这些知识分子的思想状态,常常会得不到整体的印象"。忽略了当时的时代背景对一人轻易下论断,常常容易产生误判。

书生情缘

我与许多文人同样,患有失眠的宿疾,有时吃安眠药也不管用。可是,有一册好书在手,尤其读着那些精美散淡的文字,就会使浮嚣的心境安宁下来,渐渐有了闲适恬静之情,便能安然入睡,的确是比安眠药还要管用的。我时常向朋友们介绍这个经验,夜晚入睡前一册书卷在手,是一种愉悦的休憩,更是莫大的人生享受。于是,我在床前时常把董宁文兄编的《开卷》拿来看,它和读汪曾祺、梁实秋先生散文的"悦读"感觉是一样的,能给你某种难得的静谧美感。薄薄的一册,朴素的简单封面装帧,显得大气又淡雅,其中文字也是短小而精美的,却让人耐读,一篇文章可读几遍,连书页也翻卷了。我生性嗜读书,却不幸身处灯红酒绿、物欲横流的社会,书香与铜臭竟也不得不发生联系了,使得我对读越来越多的书籍居然产生了厌恶,发现读书界也开始散发出强烈的功利气息了。这真是一种让人彻骨的寒心。相比而言,《开卷》竟是这物欲洪流中的一小片绿洲,它不过是"内部读物"的小册子,就因为它的无功利性,它的清纯雅致,它的任情适性,它的不拘格套,才成为我们文人自家的一小块"精神自留地",当然也是一块小小的伊甸园了。

我与董宁文兄发生联系,应该归功于我的好友孙卫卫老弟。他向宁文兄介绍了我的状况,还热情地为我俩居中联系。后来,宁文兄赴京,卫

209

卫邀宴宁文兄,也请我参加,可那一次却不巧我恰逢有事未能应约。这实在是憾事,所以我与宁文兄至今还未谋面。不过,我们的心是相通的,犹自信函往来不断,还通过几次长途电话。我们都是穷书生,执著坚守那么一块可怜巴巴的理想乐园,苦哈哈地笔耕着。世人很难理解,你们究竟为何因此而受苦受累呢?有什么利益?又有什么乐趣呢?这大概就是"物以类聚,人以群分"吧?那一群人与这一群人之间是很难理解的。记得,我曾经给过宁文兄几回稿件,可他都登在了他主编的"《译林》书讯"上了。他好心地告诉我,《开卷》只是文人们互相传看的民间内部读物,没有稿费的。可他哪里知道,我倒是更乐意将自己的拙文登在没有稿费的《开卷》上,无非是更想加入这个无功利性的文人读书圈子,更想参加这个布衣寒士之群。因为在这里,我们疏放清谈,说文论艺,超然潇洒,忘怀得失,也就是《世说新语》所称的"不以物务婴心",远离物欲尘世的喧嚣。我常以为,《开卷》可宝贵的就是有那么一股书生气,或是用老话说是有那么一股士大夫气。一位学者说过,从中国原典释义,士大夫是传统中国人值得骄傲的名称,既含人格,又包括学问,可当今知识分子能有如此清操风骨的人实在是太少了。我藏有厚厚的一大摞《开卷》,里面许多散文小品都可称翘楚精品,或评书品文,或叙事论人,无不情致隽永,笔调恬淡,不拘一格,妙趣横生,体现出一种任意而为的文章风格。其中许多作者都是当代文坛名家,如黄裳、绿原、朱正、屠岸、方成、白桦、止庵、李辉等,就不一一列举了。这些著名文人的作品,对于很多大牌报刊来说,也是难以求索的。可他们却纷纷聚集到了《开卷》,这是为什么呢?他们所注重的就是品题,读书是为了开卷有益,而不是因为开卷有钱吧。想从中寻觅"书中自有黄金屋,书中自有颜如玉"的那些"读书人",是不会到这块理想田园来的。

在《开卷》中,我更喜欢读的是子聪的《开有益斋闲话》。我知道,子聪就是董宁文兄的笔名,他有书缘也有人缘,结交的也不净是名人,却多为嗜好读书的书生,再加上宁文兄多方联络,消息灵通,交游广阔,在《开有益斋闲话》里便提供了较多的文坛信息。记得,2005年秋天,湖北的长江出版集团出版了《萧乾全集》,他们在北京还展开了研讨会,在会上大伙提及多年前萧老与一位青年学者的争论,那位青年学者批评萧老所说的"尽量讲真话,不讲假话"观点,以为这是缺乏思想勇气。我替萧老辩护几句,认为那个青年学者未能理解萧老的真意。要知道,讲真话首先是要有允许讲真话的社会氛围,我们这一代人岂能理解当时严酷的社会氛围?再说,我们这一代人就是现在也未必都敢讲真话。我后来给宁文兄写一封信,无意提及此事,他就将这段话摘登出来了。以后,文洁若先生也看到了,还有一些朋友及老前辈也纷纷打电话给我,支持我的观点。我奇怪地问他们,是从哪里得知此事的。因为据我所知,报刊上并未发表我的这段话呀。他们说是在《开卷》上看到的。我这才发现,原来《开卷》在文化人的圈子里还是有一定影响的。

董宁文兄寄赠我《开卷》,我甚为珍惜。我自己看过,还借给几位好读书的朋友读,比如有一位老先生他就是每册必读,然后按时还我。他说,其中的大多数文章都是美文,要我好好保存。这位老先生长期担任中学语文老师,而且还在社会科学院文学研究所工作过,是个饱学之士,想必他的话不是虚饰之言。前些日子,宁文兄给我来信说,《开卷》将迎来百期之喜,约我们共同写文庆贺。最近,他又写信来不无感慨地说,"百期后的路也许会更难走"。对此,我其实多少有所预料,但又是不愿意看到的。大讲文化的今天,实质就数文化的力量最为薄弱、最可怜了。又一块温馨的读书园地,或许不得不被世俗洪水席卷而去,既是残忍的,也是无奈的。我时常想,我们绝对不是反对市场,可文化的确有它的特殊性,难道非得让功利性牵着鼻子走吗?就没有一点余地,没有一丝空间吗?这个问题可能提得太天真太幼稚,是迂腐的书生之见。可是,谁又让我们不得不是百无一用的书生呢?

《战争风云》中译本的最早版本

    2004年的一天,北京"博集天卷"图书发行有限公司的一位副总打电话给我,说是为了纪念反法西斯战争胜利60周年,引进出版了《战争风云》,目前已经上市。他们出版的中译本,仍然是先父施咸荣与萧乾先生、朱海观先生、王央乐先生等十人翻译的那个版本,此书也是先父主持翻译与统稿的,从流行内部书到出版正式的中译本,也有一段过程,距今已有三十多年了。

    《战争风云》与《战争与回忆》这两部巨作的作者赫尔曼·沃克于1915年出生在美国纽约城,他曾在哥伦比亚大学攻读文学和哲学,毕业后一度替著名的广播剧演员写稿。珍珠港事件后,他参加了美国海军,作为驱逐舰军官在南太平洋服役四年。这一段生活,为他以后从事军事题材写作提供了丰富的生活素材。他在1952年出版了一部描写美国海军的小说《凯恩舰哗变》,获普利策文学奖。《战争风云》与《战争与回忆》中,描写了美国海军军官维克多·亨利一家的生活,作者在该书前言中声明这些人物故事"纯属虚构"。但是,作者的战争经历无疑为塑造主人公栩栩如生的形象提供了坚实的基础。赫尔曼·沃克的祖父曾是沙皇俄国犹太教区的拉比,父母是俄裔犹太移民,沃克从小受到犹太教的正统教育,当作家后还出版过一部论述犹太人生活方式的著作,这些家庭背景与履历也为他在该书中描写犹太作家杰斯特罗和娜塔丽，以及他们在战争中颠沛流离和犹太集中营的苦难生活，无形中提供了写作源泉和灵感。《战争风云》和《战争与回忆》中还描写了罗斯福、丘吉尔、斯大林以及希特勒、墨索里尼、戈林等著名历史人物，作者称"书中大人物的言行要不是根据史实，便是根据可靠的记载"。因为，作者查阅了大量的历史资料，美国《出版周刊》介绍此书创作过程时说，作者"从1965年就系统地阅读有关第二次世界大战的各种著作一千余册，着重研究丘吉尔的著作，并对丘吉尔表示钦佩"。《战争风云》在20世纪70年代初在美国出版时即引起轰动，美国《生活》杂志发表专文介绍作者及此书，认为此书是"第二次世界大战的《战争与和平》"，说沃克至少在篇幅上已超过了托尔斯泰。《纽约时报书评》则认为此书"有两个优点，一是故事的叙述比较生动，一是篇幅大，材料丰富，35岁以下的读者都可以从书中获得不少知识"。美联社记者索尔·佩特在1972年12月20日的电讯中报道："尼克松总统的办公桌上放着《战争风云》，书中有二十几处夹着小字条，看来这是部受总统重视的书，书中的主人公甚至比基辛格更加频繁地往来于各国首都。"记者还认为，该书的一个主题是写"识不透国际谈判的欺骗性有多么危险"。

如今，我手头上还保留一份复印件，是人民文学出版社在1973年9月内部发行的《外国文学情况》，上面有"内部资料"的字样。这本内刊有4万余字，绝大部分内容是《战争风云》情节故事的缩写，后面又附有近2000字的"美国报刊评论《战争风云》"。这份内容简介即是先父写的。写这份简介，他避免干巴巴的行文，防止将生动情节抽象化，有意识渲染一些故事细节，他是专门刻意而为的。他对我说："我争取要让人看了这份简介，就忍不住想看全书。"他的意愿实现了。果然不多久日子，上面有人看到了《外国文学情况》，便命令组织人马翻译此书，当然是准备作为"内部参考"的书籍而少量出版的。

父亲当时大为兴奋。那个年月，正是"四人帮"横行时期。父亲心情压抑而又无事可做。此时，总可以拿起译笔搞文学翻译，做自己喜欢做的事情。此书的译者之一，也有同一单位的同事萧乾先生。他很高兴与之合作。因为，第二次世界大战时萧乾先生正在英伦三岛，一些不明白的问题可咨询他。我那时在家中读过萧乾先生用钢笔工整写下的译稿，还夹着几张写给父亲的便条，大都是关于统一人物和地区译名方面的建议。还有父亲的好友朱海观先生，他在抗战期间担任过郭沫若的秘书，当时是外国文学研究所的专家，他也参与了该书的一部分翻译工作。那时候，他常常到我家来，还告诉我们一些政治内幕消息。由于他与郭老保持着密切的关系，时常到郭老家走动。我们知道，郭老当时的处境也很艰难，心情是挺抑郁的。

我记不清最初的内部书是哪一年出的，家里也没保存这个版本。不过，我的记忆中却留下几个有趣的片段：由于读过此书的简介，我也如饥似渴地很想读到小说。父亲在统稿时，我就时常趁机翻看其中的一些章节，有时不小心把稿子弄乱，他挺恼火。后来，出来了初校的校样，我也近水楼台先得月，借口帮他看校样，又把全书阅览了一遍。那个年月，政治风云变幻莫测，也可能会有这样或那样的原因，上面又极可能改变主意停印此书。他为了防止万一出书又停的风险，专门保藏了一份校样，牛皮纸做封面，还用细麻线把它装订成三册。这三册校样稿，成了更早的"初版本"。我们甚为珍惜，绝不轻易借人。现任中国人民大学中文系教授的叶君远兄，是我当时在二中的同事，与我家交往密切。父亲很欣赏他的才华，将这三册校样稿借给他看了。后来，叶君远把这三册"书"还回，其中有几页撕破的地方，他都小心翼翼用玻璃纸粘好，父亲甚为赞叹，对我说："你看看，这才是真正的读书人！"

"供内部参考"的那一批书流行后，经常有些人走后门托父亲买一套此书。可是，没过几年，人民文学出版社决定公开出版此书，这就是1979年4月的初版本。第一版便印了40万册，供不应求。人们在新华书店排起长队购买此书。事实证明中国人是渴求了解外部世界，愿意吸收外来文化的。

父亲在20世纪80年代写过一些介绍《战争风云》的评论文章，40岁以上的知识分子也许还记得在《读书》杂志上他与何满子先生的争论。后来，他私下对我说，何满子先生的立论也不无道理，《战争风云》一书从严格意义上或许不能算"纯文学"，可他自己也反对将该书列入"通俗文学"之列。关键在于，即使在国外，对"纯文学"与"通俗文学"概念区分，也没有严格界定的。

从黄皮书到畅销书

　　最近我将《麦田里的守望者》中译本的最早版本，一本印有"供内部参考"字样的黄皮书，送给了我的好友、儿童文学作家孙卫卫。孙卫卫有收藏旧版书的爱好，他那里收集了《麦田里的守望者》中译本的各种版本，有漓江出版社的版本，有浙江文艺出版社的版本，还有北岳文艺出版社的版本，以及目前译林出版社的版本，甚至还有盗版本。而这种"黄皮书"的版本印刷得甚少，也显得很珍贵，我将此书赠给孙卫卫兄，并在书的扉页写了一行跋语："这是先父所译《麦田里的守望者》的最早版本，也是1951年前内部发行的'黄皮书'版本。将此书赠给我的好友孙卫卫兄，留作纪念。"

　　20世纪60年代初，先父施咸荣在人民文学出版社的外国文学编辑部，负责英美文学书籍的编辑审稿工作。他与黄爱先生为了介绍研究西方当代文学的各流派，以"仅供参考"的内部书名义，出版了一批"黄皮书"。其实，这些内部书的封面未必都是黄封面，有几本书也有简单的装帧设计。但因为发行量小，为了节省印书成本起见，便只用简单的黄封面或灰封面，后世人谓之"黄皮书"。这些书的版权页上不注明发行多少册，而标明了是以作家出版社、中国戏剧出版社的名义出版的，可当时这两个出版社只是"影子出版社"，没有机构，也没有人员，不过是人民

215

文学出版社的另一个牌子而已。出版内部发行的书籍,用国家出版社的牌子不妥,就用别的出版社的牌子。

这一批书中就有塞林格的《麦田里的守望者》,以及杰克·克茹亚克的《在路上》、约翰·勃莱恩的《往上爬》,还有一批现代派的剧本,其中有荒诞派的《等待戈多》,"愤怒的青年"的代表作《愤怒的回顾》,先锋派戏剧《椅子》和"戏剧派"的《老妇还乡》。这些内部书后面大都要有一篇"译后记",按照当时的政治思维先将那些现代派作品进行一番分析批判。同时,也要介绍作家的背景,那一股艺术思潮兴起的经过,在西方文化界所产生的巨大影响等。写这样的文章,就必须阅读大量的西方报刊,认真地研究这股现代派文学思潮所产生的社会文化背景。这也使得父亲走上了对西方现代派文学研究的学术道路。在这批内部书中,《麦田里的守望者》在西方社会的影响最大。当时的美国校园里,许多学生模仿着书中主人公霍尔顿的穿戴:冬天身穿风衣,倒戴着红色鸭舌帽,还学着霍尔顿的语言,满口粗话。一度,此书在一些学校图书馆被列为禁书。可是后来经过时间考验,许多学校又将此书列为了必读的课外读物。它在美国社会的影响经久不衰,已有了好几种不同版本,可以说已是美国文学中的"当代经典作品"了。它的巨大影响甚至传播到了那时美国的冷战敌手——苏联。据说,当时在苏联颇走红的《带星星的火车票》一书,作者阿克肖诺夫就坦承受到了《麦田里的守望者》的影响。

《麦田里的守望者》一书确实有着某种新颖的艺术风格。它以第一人称孩子的口吻,生动地描写了一位中产阶级子弟的苦闷心灵。主人公霍尔顿是美国文学最早出现的反英雄形象,具有复杂的性格,他看不惯庸俗的世道,厌恶虚伪,追求纯真的一面是极突出的。他有一种带童稚气的理想,想当一名"麦田里的守望者",也就是一大群孩子在麦田里游戏,后面就是悬崖。他自己守望在悬崖边,不让孩子们落下悬崖。这实际上也是"救救孩子"的思想。可如此的天真理想在丑恶的社会中又怎么能实现呢?霍尔顿的内心因此充满了颓丧与痛苦。他四次被学校开除,不敢回家面对父母,只身在纽约游荡了一天两夜,住小客店,逛夜总会,滥交女友,酗酒,放浪不羁地混日子。此书极其真实地反映了一代青少年的徘徊闷抑心理,所以在美国社会引起巨大反响和共鸣。

　　1962年年底,父亲动手翻译《麦田里的守望者》。次年9月,此书亦作为"内部书"出版。他较偏爱此书,以为塞林格无论塑造人物性格、描写手法及语言文字,均具有精湛的文学修养。所以,他译书时字斟句酌,十分下工夫。仅为此书拟定书名,便很费心思,原书的英文含义颇复杂,他本想将书名定为《麦田里的看守人》,可觉不妥。后来,他偶然想起在海岛上看守灯塔的守望员,才改为"守望者"。如今"守望"一词已经广泛使用。他对这一词语的运用颇感得意,觉得是比较妥帖地表现了作者的原意。据说,后来在70年代初,《麦田里的守望者》曾经与《带星星的火车票》一起,在知青中被当成手抄本流传。由此可见,当时社会的思想禁锢政策在一代年轻人中造成的文化饥荒现象。

　　20世纪80年代初期,改革开放伊始,文坛也有了新气象。人们开始注目欧美现代派文学及先锋文学,对象征主义、表现主义、存在主义以及黑色幽默,荒诞派文学以及新小说潮流等纷纷进行评介。一部分作家与评论家还展开了激烈争论,这些不同看法发表在报刊上。后来,人民文学出版社专门编选了"内部发行"的《西方现代派文学问题论争集》,将争论双方所持不同观点的文章收入了。父亲未参与争论,却写了很多客观介绍西方现代派文学的文章发表在各刊物上。他对我说,与其赶时髦参与争论,倒不如多译一些作品。出版了作品,读者自有公论。于是,他将《麦田里的守望者》又经过一番校改,交付漓江出版社公开出版了。这部书出版以后,果然引起较大反响,1983年第一版即印了46000多册。此书还给当时活跃在文坛上的一批青年作家以启迪,著名学者董衡撰先生在一篇文章中论述过这个问题,他认为当代作家陈建功、邓刚、陈村等,也包括王朔的一些小说中"都照出了塞林格的影子"。

　　如今,先父已病逝近20年了。他的这个译本仍在不断再版,甚至就我所知,已有几种版本的盗版书出现了。1997年,《译林》杂志副主编王理行先生在一篇文章中披露了鲜为人知的一桩逸事。译林出版社推出的"世界文学名著现当代系列",收入了《麦田里的守望者》。他们买下此书的内地中文简体字独家版权的同时,亦花了一笔外汇买下了在台湾出版的中译本。但是,他们以后又将台湾的中译本与父亲的译本对照后,发现台湾的译本不仅语言习惯上与内地读者有距离,就从翻译角度上说也不算很成功。因此断然决定,放弃已花外汇买的台湾译本,采用家父的译本。此事在出版界引起轰动,人们赞誉译林出版社将作品的质量放在金钱之上,在当今物欲横流之世是绝少见的。

译林出版社的不同版本已有几种,而且印刷数十次了。但是,更难抵挡的是汪洋大海般的盗版。

《莎士比亚全集》的几位译者

一些人向我赞赏先父施咸荣的译作，并称他是一位翻译家。但他们未必知道，父亲却多次称自己只是一名老编辑，因为他将近二十年的生涯都是在做英美文学译作的编辑工作。他临病逝前半个月，曾经与我追忆往事，进行了一次长谈。而那一回长谈有三分之一工夫，是跟我谈那部《莎士比亚全集》的编辑经过，他认为这是一生中所做最重要的事情。

先父在肃反运动和反右运动中，都蒙遭冤屈。特别是反右运动中不愿意主动揭发批判同事，受到行政降一级处分，被下放至唐山农村。正是三年困难时期，他们与当地老百姓共同吃花生壳磨成的粉末，其中仅掺百分之二十的白薯面。1960年年底，他下放归来全身高度浮肿，孱弱不堪。他到医院看病，医生给他开了半年病假，他却将病假条悄悄藏起，跑到图书馆收集资料，拟订了一个《莎士比亚全集》的出版计划。次年年初，他向人民文学出版社领导申报了编辑计划，鉴于莎士比亚诞生400周年纪念日即将来到，也为了满足国内广大读者的需求，准备以1954年人民文学出版社出版的朱生豪译的《莎士比亚戏剧集》为基础，出版一套质量较高的《莎士比亚全集》，领导迅速批准了他所拟的编辑计划。父亲曾经对我说，他当时之所以带病抓紧工作，是因为有一个预感，此事不宜拖延，一拖就可能吹了！后来果然证明这一点，他若是在家歇息半年再申报计划,以后又抓紧阶级斗争了,文艺界的政治氛围重复紧张,一切工作都可能半途而废。那么,随着"文革"动乱来临,一批富有学识的专家学者被迫害致死,那就再难以组织如此强大的翻译家阵容了!

父亲以后与参与翻译、校订《莎士比亚全集》的一批翻译家学者成为好朋友。比如,北大教授、著名翻译家张谷若老先生与父亲是亦师亦友,张老翻译了莎士比亚的诗歌《维纳斯与阿都尼》,文字典雅凝重,细腻传神,很为读者所推崇。张老的家就住在西单附近的小四合院中,他不仅在外国文学翻译事业上颇有成就,而且对中国古典文学的研究也有很深造诣,有几回他专门请父母鉴赏自己珍藏的古代字画。我记得,我幼时随父母由张老带着去一家饭馆吃饭,在那里第一次也是最后一回听有个老服务员开玩笑地"报菜名",那悠长的吆喝声我至今难忘。还有,著名莎学专家方平先生与父亲也是挚友,他每次从上海到北京开会或办事,总要与父亲约见一面,时常是父亲请他至家中便餐小酌。方平先生温文儒雅,谦逊和蔼,颇有风度,完全没有大学者趾高气扬的派头,很为我们家人欢迎。父亲对我说,方平先生在20世纪40年代曾在一家小银行当记账员,他深厚的学问根底完全是靠自学而成,却又比喝了多年洋墨水的某些留学生更有学识,翻译界因此很尊重钦佩他。方平先生后来担任了《莎士比亚全集》中历史剧《亨利五世》的翻译及相当部分的校订工作,他以后还出版了关于莎学的翻译作品和研究著作,是中国著名的莎学专家之一。父亲病重时,他曾经委托郑土生先生带来亲切的问候。以后我才知道,他还是著名文化人邵洵美的女婿。

北大教授杨周翰先生也是著名莎学专家,在《莎士比亚全集》中他翻译了历史剧《亨利八世》,并且帮父亲解答一些有关莎学的疑难问题,父亲很敬重他。这套书出版后,父亲有一次请杨老吃饭,他们的话题就是这套书。父亲讲,《莎士比亚全集》的全部翻译和校订工作其实在1964年前已经完成。那时,父亲还从英国浮丘公司出版的《莎士比亚画册》中选了43幅插图,都是19世纪名画家的作品,由著名钢刻家刻成钢刻版画。1964年,此书的纸型已打出,插图也印好。但是,父亲却与同事们被派往农村搞"四清",回来后即爆发"文革"运动,此书的纸型在仓库堆积十几年,而1978年重印此书时,数万张印好的插图却不翼而飞,无销毁记录,连板也没有了。重新制版,时间来不及了,只好将那些精美的插图忍痛割爱。杨周翰先生也叹息道:"这实在是很大的遗憾啊!我就觉得这套书的插图太少,是美中不足!这也是十年动乱的祸害之一。还有,我们北大的吴兴华先生,他为这套书出力不小,可惜也见不到这套书的出版了!"杨周翰先生特地还叮嘱父亲,写一篇文章,纪念吴兴华先生。

父亲生前多次向我提起北京大学教授吴兴华先生,对他充满了尊敬与怀念。父亲说,50年代出版的朱生豪译本,有其特色,可这个译本却存在不少误译和删节的缺点,尤其喜剧部分删节较多,要出版一套完整的全集,译文当然应该作全面的校订。这个工作规模浩大又艰巨,若短时期完成,只找个别学者和专家是不行的。于是,父亲怀着忐忑不安的心情向上级打报告,请求起用一部分当时被错划为右派的专家学者。这在当时是冒一定风险的。但是,20世纪60年代初,社会的政治气氛一度和缓松弛,上级领导还是很快批准了他的报告,令他欣喜不已。吴兴华先生也是被错划成右派的一位著名学者。他曾经被誉为"燕京才子",才华横溢,知识渊博。他翻译了莎剧的《亨利四世》的上、下篇,写过有很高水平的一些莎剧研究论文,可以说是有深邃丰富学识的莎学专家。他后来的确也帮助父亲解决了不少莎学上的疑难问题。吴兴华先生慨然应允承担了很大部分校订工作,一共校订朱生豪译的15个剧本,工作态度极其认真负责,对这一套《莎士比亚全集》的出版实在是功不可没!可惜的是,吴兴华先生却始终未能亲眼见到这套书。据一位北大教授陶洁先生告诉我,"文化大革命"初期,吴先生被打成牛鬼蛇神,罚到校园里打扫卫生。他清扫大字报纸时,却被几个红卫兵污蔑为故意撕大字报,那些人恶作剧地逼他喝下糨糊。吴先生因此患了恶性痢疾,上吐下泻不止,家人送他去治疗,医院又不接收他这样的"黑帮分子",竟被活活折磨死了。

还有一位翻译家,是后来担任湖南人民出版社编辑的杨德豫先生。他当时也被错划为右派,劳改后分配在农场就业。父亲看到过他以前的译作《朗费罗诗选》,认为翻译质量是较高的。因此,也请他翻译莎士比亚的一首叙事长诗《鲁克丽丝受辱记》。杨德豫先生的翻译态度很认真,他通过英文把这首诗翻译出来后,又自己掏钱请两个懂日文的人通过日文译一遍,以便比较研究,对自己的译文作进一步修改和润色。谁知,那两个人嫌付给他们的钱少了,竟写信到出版社来告状。父亲调查了解此事的始末真相后,极力帮助杨德豫先生辩白,以编辑部名义写信澄清事实,解决了这一纠纷。改革开放的新时期来临,杨德豫先生的错案终于被平反,又回到外国文学编辑岗位上。他始终与父亲保持密切联系,每次翻译出版一本著作都要寄给父亲。

再有一位学者就是著名爱国民主人士,担任过复旦大学校长的章益先生。章先生是我国著名心理学家,20世纪20年代赴美留学,获华盛顿州立大学教育学院硕士,回国后在复旦大学任教,历任教育系主任和校长。上海解放前夕,章益先生拒绝了国民党当局打算将复旦大学迁往台湾的企图,想方设法团结学校的教职工,协助地下党组织把学校完整地交给人民,立了一大功。以后,1952年他被调至山东师范大学任教。章益先生也是不幸在反右运动中被错划为右派的,虽然,父亲知道他未搞过外国文学翻译,可由于曾经读过他写的诗歌,甚为钦佩他的深厚古典文学造诣及才学,便约请他翻译了莎剧《亨利六世》的上、中、下篇。章益先生的译文准确流畅,翻译质量高,也很有艺术特色。父亲以后与章先生成为朋友,章先生与刘尊棋先生合译了司各特的《艾凡赫》在人民文学出版社出版,父亲还为此译著写了一篇长达万言的序言。

由于大胆起用了这批错划为右派的学者翻译家参与了《莎士比亚全集》翻译与校订,还有编辑出版这一套书,在"文革"中都成了"罪状"了。在那场史无前例的大劫难中,父亲因此而多次受批判,被迫做违心的检讨。但他内心仍然无法消除这个"情结",在五七干校的干打垒土房里,他悄悄向亲密同事提及这一套书,认为未能及时出版真是太可惜了!终于,历经十余年风雨沧桑,《莎士比亚全集》还是在1978年出版了。我记得那一日,父亲拎着一包书回家,充满了无限感慨的神情。他对我说,这一套书浸透了多名翻译家、学者的心血,有些人却未能看到此书的出版。他想写一文纪念他们,不应该使这些人的名字被埋没。

父亲对《莎士比亚全集》的主要译者朱生豪先生更充满敬佩之情,认为他是这一套书的重要奠基者,并且称赞他是翻译界的英雄,一点儿也不亚于在战场上拼杀的英雄。朱生豪先生抗战前曾经是上海一家书局的编辑,主要编英汉词典和英文书籍的注释本,他年仅24岁就开始利用业余时间翻译莎士比亚的戏剧,刚译了9个剧本抗日战争就爆发了,他在敌占区颠沛流离,过着极其穷困的生活,而且译稿在逃难中丢失了。但是,他仍以惊人的毅力克服种种困难,在贫病交迫中坚持写作,完成31个莎剧的翻译工作,最后因患结核性肋膜炎及肺结核、肠结核的合并症,无钱医治,在32岁时英年早逝。人们普遍认为,将莎学引入中国,朱生豪先生有着不朽的功勋!他的译本在解放初期曾经分成12卷,由人民文学出版社以《莎士比亚戏剧集》名义出版。后来,又经过诸多专家学者校订,其他翻译家补译了尚缺的6个历史剧和全部诗歌,才在1978年出版了较完整的《莎士比亚全集》。

可以说,中国莎学研究事业的道路正是这些优秀知识分子用血肉铺成的。

后 记

　　能有这本书,首先要感谢《深圳特区报》的编辑安裴智先生。2004年10月中旬,他打电话给我,约我写一些随笔,并定下专栏名称为"文史琐笔"。在他的不断鼓励下,我拉拉杂杂写了近九十篇,也就是此书的多数内容了。有朋友称赞这个栏目名称起得好,亦文亦史,可写古代史,可写当代史,可写文坛逸事,亦可写书人佳话,使我有较大的写作空间余地。其中的几篇文章,比如《北京的饭馆》、《野蔬食趣》、《古典小说中的酒》、《清代怪诞名士郑板桥》等文曾经被不少网站转载,表明还是得到了一定数量读者欢迎的。这也引起我写这些"豆腐块"文章的兴趣,后来也给《博览群书》杂志写,也给《文汇报》、《中华读书报》、《中国新闻出版报》等报纸写,就凑成了这样一本集子。

　　我在一文中曾经盛赞豆腐,以为真正爱吃豆腐,会吃豆腐,也能品尝出豆腐美妙滋味的,必是"知味"之人。其实,对"豆腐块"文章亦当如是观。一篇小文,倘若蕴藉丰富,写出各种酸甜苦辣的"世味"来,也不亚于鸿篇巨制的作用。一位老先生出于爱护目的批评我,为何放弃长篇小说创作,却写那些"豆腐块"文章,是不是只贪图赚稿费了。我百口莫辩,唯苦笑而已。不过,我们文人是"寒士",由于囊中羞涩,舞文弄墨赚一点儿稿费,又何足道哉!这几分利,比权贵巨贾的利,只算蝇头小利了。如汪曾祺先生所说,寒士们写写"豆腐块"文章,也就只配吃得起豆腐了。当然,"豆腐块"文章中却不能只盛放豆腐般软塌塌的文字,也该有识见,有锋芒,有硬邦邦的东西。

记得1998年春天,《中国青年报》编辑陆小娅约陈建功老师、刘恒老师和我写一个专栏。据说,刘恒老师在电话里问她需要怎样的文体风格。她幽默地问,你们打算要周树人式的,还是周作人式的?已过了多少年,我仍然记得颇含机趣的这句话。实际上,这是将周氏二兄弟的文风来对现代散文风格的两种分类。一种是鲁迅杂文式的,针砭时弊,抨击黑暗,鞭辟入里,深刻有力,具有战斗的锋芒、辛辣的嘲讽及完美的技巧;另一种是周作人小品式的,体式多样,不拘一格,信笔所至,庄谐并出,其渊源得力于古代笔记小说、明人小品和英国随笔,更主张冲淡和平的艺术风格。我从来也并不以为这两种风格是截然对立,互不相容的。我们读鲁迅文章时,可发现其中未尝没有闲适散淡的文字;而周作人的早期散文中,也颇具批判封建道德伦理的精神棱角。而且,中国士大夫文化修养中所提倡的隐逸性及中庸之道,在现实生活中是难以做到的。哪一个文人是不食人间烟火的?书中《陶渊明的情操风范》一文,就揭示了陶渊明的真实处境。他在混乱的世道中五次出仕均不得志,才不得不回归田园。可是,生活中哪儿有什么"桃花源"?他以后穷困潦倒,忍饥挨饿,即使落到向邻里乞食的地步,也拒绝接受军阀集团的征辟,不肯接受权贵的馈赠。这说明一个文人只有忘怀得失,才能持守清操。这大概会被人看成迂腐之见吧?我曾经写文章质疑过"文如其人"的理论,但我在内心深处仍然固执地相信,一个人的文字是与其性情、品行相关的。郁达夫说,周作人晚年的风格"归于古雅遒劲的一途了"。说实话,我并不喜欢周作人那些枯涩苍老的文字,倘若说他沉浸于苦茶古玩、听鬼画蛇一类的文章中尚存讽世之意,而后来摘裂经史的小文却连一点儿意趣也没有了。谁能说这种意绪的颓唐与他往后沉沦的经历没有一点儿关系呢?所以,我固然欣赏典雅恬静的风格,却也认为不必为"闲适格调"刻意做作,该酣畅淋漓时就挥洒一番,该金刚怒目时就拍案而起,或许,这才是真正表现自我的"性灵之作"。

这部集子里,第一辑"文史谈屑"较多的文章偏于谈史,从西晋史谈起,直至晚清。其中评论史事,褒贬人物,题材广泛,内容庞杂,倘说是发思古之幽情,更多则是企图以史为镜鉴知未来。我不希望它们仅是一堆历史木乃伊的展览,而愿意在其中多注入一些哲理的思考。第二辑"艺

前思后量

文杂俎",其中的文章大多是谈古代书画及文化的流变,还有近代出版新闻媒体史的片段,以及几位文化名人的逸闻,更多一些文化的韵味。第三辑"知味知音"中的文章可归于花鸟虫鱼、民俗典故之类,为即兴信笔之作,谈吃食,谈饮茶,谈小商贩的吆喝,谈北京的旧书肆,多少也与文史沾边,可算是文化类小品,较多一些审美的意趣。第四辑的文章是"文坛忆往",也比较芜杂。我因生长于文化人家庭,认识了一批文坛宿老与文化名人,此后应报刊邀请写了一些回忆文章,大都收入此中,只算是文坛往事的零星记录吧。大概既无"文"的意味,也无"史"的内涵,却由于敝帚自珍,也把它们搜罗进来了。

最后还要说,我所感谢各报刊的编辑友人实在太多,在此不一一列名了。没有这些朋友的支持与帮助,甚至是鞭策,也不会有这本书的。我还特别要感谢好友孙卫卫兄的热心,他帮助我找到了许多未存留的电子文本。这本书也是浸透了这些朋友的心血与劳动的。

北京白云路寓所

226